음원 듣기 & 온라인 단어 학습

남다른 학습법으로
기적 같은 실력을 보장하는

기적의 영어리딩

체계적인 6단계 커리큘럼

	1 with 파닉스	2 with 주제 어휘	3 with 문장 패턴
목표	큰소리 리딩으로 문자 해독력을 높여요	리딩의 재미를 알며 기초 어휘력을 쌓아요	필수 문형을 접하며 문장 이해력을 높여요
리딩 소스	일상 이야기, 만화, 동화, 서사 논픽션 읽기	일상 이야기, 만화, 동화, 서사 논픽션 읽기	초대장, 포스터, 규칙 등의 정보·지식이 결합된 스토리 읽기
난이도	AR 0.5~1.0 Lexile BR~50 Words 50~70 (6p)	AR 0.7~1.5 Lexile 25~200 Words 70~90 (6p)	AR 1.3~2.3 Lexile 125~400 Words 90~110 (4p)
성취 수준	기초 어휘 180개	초등 3~4학년 교과서 수준 필수 어휘 180개	초등 5~6학년 교과서 수준 필수 어휘 200개

✓ 독해력 성장의 핵심 과정을 탄탄하게 밟아가는 6단계 리딩 프로그램

✓ 기적만의 3-Step 완전학습 시스템으로 확실한 학습 성과를 보장!

✓ 새 교육과정을 연계한 콘텐츠로 리딩 기초부터 중학 수준까지 저절로 완성!

✓ 적정 학습분량과 친절한 학습안내로 혼자서도 끝까지 완주 가능

4 with 문장 구조

다양한 글감을 읽으며 문장 구성력을 키워요

일상 소재의 실용문, 짧은 논픽션 읽기

AR 2.3~3.3
Lexile 420~620
Words 100~130

고학년 독해력 완성

5 with 문법

글을 논리적으로 이해하여 핵심을 파악해요

교과 연계된 최신 소재의 정보글 읽기

AR 3.0~3.9
Lexile 550~680
Words 130~150

예비중 리딩 · 문법 통합

6 with 서술형 영작

읽은 내용을 바탕으로 정리하는 표현력을 길러요

교과 연계된 최신 소재의 정보글, 의견글 읽기

AR 3.7~4.7
Lexile 650~780
Words 150~180

중학 독해 · 서술형 시험 대비

리딩 첫 시작부터 독해력 완성까지!

기본 다지기 — 영어와 친해지는 스토리 리딩으로 기본 바탕을 튼튼히!

Level 1 Level 2 Level 3

기적의 영어리딩 Level 1~3

- 초등 저학년의 영어 성장을 위한 리딩 기초 학습서
- 일상 이야기, 카툰, 동화 등 흥미로운 스토리로 리딩을 즐겁게 시작
- 따라가면 저절로 학습이 완성되는 3-STEP(읽기-이해-확장) 매일 학습
- 리딩의 기본기를 탄탄히 하는 파닉스 → 어휘 → 문장을 순차적으로 강화

실력 완성하기 — 논픽션 리딩으로 읽고 이해하고 표현하는 힘 기르기!

기적의 영어리딩 Level 4~6

- 초등 고학년의 문해력 완성과 중학 영어로의 연결을 돕는 리딩 심화 학습서
- 다양한 실용문과 정보글을 읽으며 글의 구조를 시각화하고 핵심을 파악하는 힘 강화
- 읽은 내용을 바탕으로 정리하고 표현하는 서술형 영작 훈련
- 문장 구조 → 논리적 이해 → 표현력 확장으로 이어지는 단계별 아웃풋 설계

3C

90~110 words
AR 1.3~2.3

기적의 영어리딩

with 문장 패턴

길벗스쿨

기적만의
3-Step 완전학습 시스템

읽고, 이해하고, 확장하는 3-Step 시스템으로 겉핥기가 아닌 진짜 실력을 키웁니다. 하나의 지문을 3단계에 걸쳐 깊이 있게 학습하면서 콘텐츠를 제대로 소화합니다. 동시에, 리딩의 기본 바탕이 되는 파닉스-어휘력-문장력을 차례로 강화합니다. 단순한 읽기를 넘어 문해력 성장을 위한 핵심 학습이 통합적으로 이루어지는 학습법입니다.

Step 1. 읽기

단어 익히기

지문을 이해하는 데 필수적인 키워드를 먼저 학습합니다.

스토리 리딩

생활 속 규칙과 사회·문화 지식을 담은 이야기를 반복해서 듣고 읽으며 단어와 표현을 쉽게 체화합니다.

Step 2. 이해

Step 3. 확장

내용 확인 문제

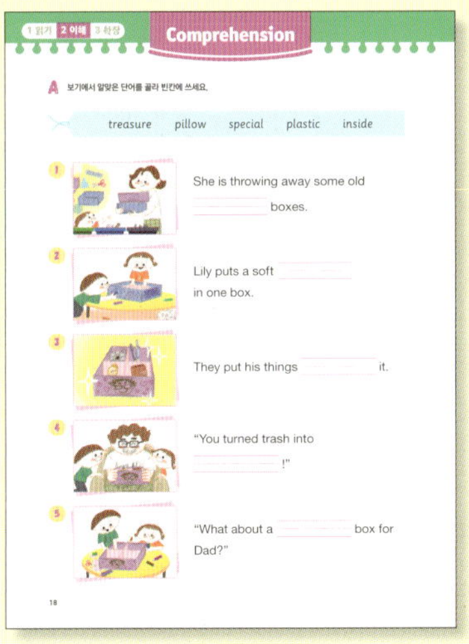
1 읽기 2 이해 3 확장

Comprehension

A 보기에서 알맞은 단어를 골라 빈칸에 쓰세요.

treasure pillow special plastic inside

1 She is throwing away some old ______ boxes.

2 Lily puts a soft ______ in one box.

3 They put his things ______ it.

4 "You turned trash into ______!"

5 "What about a ______ box for Dad?"

18

다양한 유형의 문제를 통해 읽은 내용을 충분히 이해하고, 단어 및 문장을 반복 학습하게 됩니다.

필수 문형 학습

1 읽기 2 이해 3 확장

Sentence Patterns

• 다음 필수 문형을 다양한 예문에 적용해 보세요.

1 They help their mom ______. 그들은 엄마가 ~하는 것을 도와요.

① 그들은 엄마가 청소하는 것을 도와요.
They help their mom ______.

② 그들은 엄마가 문을 여는 것을 도와요.
They help their mom ______.

③ 그들은 엄마가 안경을 찾는 것을 도와요.
They help their mom ______.

2 What about ______ for ______? ~를 위한 ~은 어때요?

① 아빠를 위한 특별한 상자는 어때요?
What about ______ for ______?

② 할아버지를 위한 담요는 어때요?
What about ______ for ______?

③ 네 친구를 위한 선물은 어때?
What about ______ for ______?

Word Box
• a bottle, a lamp • a present, your friend • find her glasses
• open the door • a blanket, Grandpa • a glass, a vase

22

3 You turned ______ into ______. 너는 ~을 …으로 바꿨어.

① 너는 쓰레기를 보물로 바꿨어.
You turned ______ into ______.

② 너는 병을 램프로 바꿨어.
You turned ______ into ______.

③ 너는 유리잔을 꽃병으로 바꿨어.
You turned ______ into ______.

Try Writing 배운 필수 문형을 활용해 영작해 보세요.

1 너는 상자를 로켓으로 바꿨어. (a box, a rocket)

2 그들은 엄마가 카트를 미는 것을 도와요. (push the cart)

3 할머니를 위한 편지는 어때요? (a letter, Grandma)

Unit 1 23

실력을 한 단계 더 끌어올리는 핵심학습을 짚고 갑니다.
Level 3에서는 문장 이해력을 높이는 필수 문형을 익히고 활용합니다.

Contents

Level 3C

How to Study

정보 · 지식이 담긴 흥미로운 스토리를 읽으며 문장 이해에 필수적인 다양한 문형을 익힙니다.

Level 3은 생활 속 규범, 사회 · 과학 지식이 결합된 이야기 지문으로 구성되어 있습니다. 흥미롭고 실용적인 이야기와 더불어 초대장 · 안내문 · 포스터 · 표 등 다양한 시각적 자료를 함께 접하며 읽고 이해하는 힘을 기릅니다.

또한 자주 쓰이는 교과서 필수 문형을 집중 학습합니다. 문형에 익숙해지면 리딩 속도와 이해력이 향상되고, 라이팅 활용 능력도 자연스럽게 길러집니다.

Step 1. 읽기

주요 단어를 익힌 다음 지문 따라 읽기

❶ **[Key Words]**에서 지문 이해에 중요한 단서가 되는 핵심 단어를 확인해요.

❷ **[온라인 단어 학습]**에서 단어를 반복 학습하며 뜻과 철자를 꼼꼼하게 익혀요.

❸ 간단한 문제를 풀며 단어를 잘 익혔는지 확인해요.

❹ 두 가지 버전의 음원을 잘 듣고 따라 읽어요.

- **[전체 지문 듣기]** 이야기를 잘 들으며 어떤 내용인지 파악해 보세요.
- **[한 줄씩 따라 읽기]** 한 문장씩 듣고 따라 읽어 보세요.
- **[스스로 읽기]** 처음부터 끝까지 정확하게 읽어 보세요.

Step 2. 이해

문제를 풀며 지문을 제대로 이해하기

❶ [Comprehension]에서 여러 유형의 문제를 풀며 지문 이해도를 확인해요. 읽은 내용 정리하기, 반복 듣기, 생각 표현하기 코너를 통해 단어와 표현을 다지고 사고력도 함께 키워요.

❷ 문제 풀이 후 **[별책]** 정답지를 참고하여 채점하고 틀린 문제를 확인해 보세요.

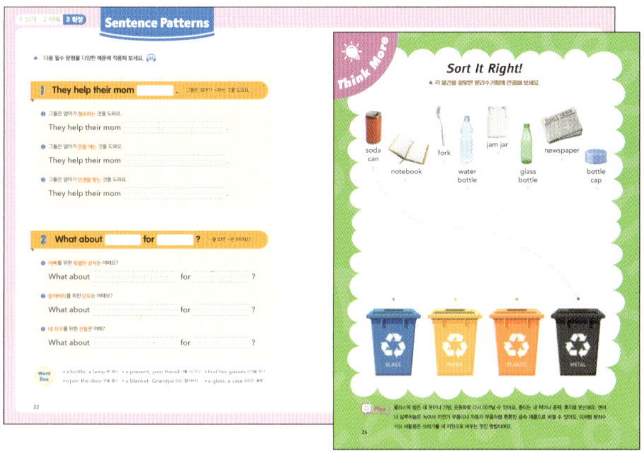

Step 3. 확장

꼭 알아야 할 필수 문장패턴 익히기

❶ [Sentence Patterns]에서 필수 문형을 익히고 다양한 예문을 통해 연습해요.

❷ 배운 문형을 활용해 [Try Writing]에서 영작 연습을 해요.

❸ [Think More]에서 지문의 이야기 주제와 관련하여 한 발 더 나아간 액티비티를 풀며 다양한 정보와 지식을 탐구하고 관련 영어 표현을 익혀요.

[Review Test]

리뷰 테스트 2회분이 포함됩니다. Unit 1~4 테스트, Unit 5~8 테스트로 실력을 확인해 보세요.

[별책: Practice Book]

스토리 속 문장을 의미 단위로 나누어 읽고 직접 써 보면서 문장 감각을 키우는 연습을 합니다.

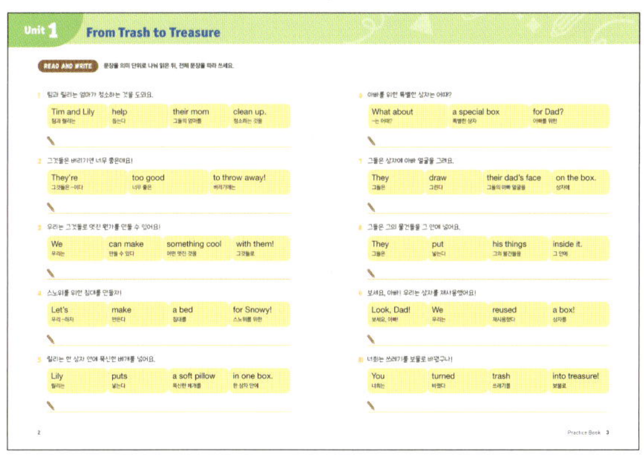

Study Plan

학습 완주를 위해 미리 학습계획을 세워 보세요.
26일 동안 집중하는 한 달 완성하기, 또는 주 3일 학습으로 차근차근 8주 완성하기!
나에게 맞는 방법을 정하고 진도표를 따라 끝까지 공부해 보세요.

26일 완성 학습 스케줄

Unit 1			Unit 2		
1. 읽기	2. 이해	3. 확장	1. 읽기	2. 이해	3. 확장
• 본책 p.12–17 • 온라인 단어 학습 월 일	• 본책 p.18–21 • 별책 p.2–3 월 일	• 본책 p.22–24 월 일	• 본책 p.26–31 • 온라인 단어 학습 월 일	• 본책 p.32–35 • 별책 p.4–5 월 일	• 본책 p.36–38 월 일
Unit 3			**Unit 4**		
1. 읽기	2. 이해	3. 확장	1. 읽기	2. 이해	3. 확장
• 본책 p.40–45 • 온라인 단어 학습 월 일	• 본책 p.46–49 • 별책 p.6–7 월 일	• 본책 p.50–52 월 일	• 본책 p.54–59 • 온라인 단어 학습 월 일	• 본책 p.60–63 • 별책 p.8–9 월 일	• 본책 p.64–66 월 일
Review Test 1 p.67-70					월 일
Unit 5			**Unit 6**		
1. 읽기	2. 이해	3. 확장	1. 읽기	2. 이해	3. 확장
• 본책 p.72–77 • 온라인 단어 학습 월 일	• 본책 p.78–81 • 별책 p.10–11 월 일	• 본책 p.82–84 월 일	• 본책 p.86–91 • 온라인 단어 학습 월 일	• 본책 p.92–95 • 별책 p.12–13 월 일	• 본책 p.96–98 월 일
Unit 7			**Unit 8**		
1. 읽기	2. 이해	3. 확장	1. 읽기	2. 이해	3. 확장
• 본책 p.100–105 • 온라인 단어 학습 월 일	• 본책 p.106–109 • 별책 p.14–15 월 일	• 본책 p.110–112 월 일	• 본책 p.114–119 • 온라인 단어 학습 월 일	• 본책 p.120–123 • 별책 p.16–17 월 일	• 본책 p.124–126 월 일
Review Test 2 p.127-130					월 일

8주 완성 학습 스케줄

Week	단계	학습 내용	날짜
Week 1 Unit 1	1. 읽기	• 본책 p.12–17 • 온라인 단어 학습	월 일
	2. 이해	• 본책 p.18–21 • 별책 p.2–3	월 일
	3. 확장	• 본책 p.22–24	월 일
Week 2 Unit 2	1. 읽기	• 본책 p.26–31 • 온라인 단어 학습	월 일
	2. 이해	• 본책 p.32–35 • 별책 p.4–5	월 일
	3. 확장	• 본책 p.36–38	월 일
Week 3 Unit 3	1. 읽기	• 본책 p.40–45 • 온라인 단어 학습	월 일
	2. 이해	• 본책 p.46–49 • 별책 p.6–7	월 일
	3. 확장	• 본책 p.50–52	월 일
Week 4 Unit 4	1. 읽기	• 본책 p.54–59 • 온라인 단어 학습	월 일
	2. 이해	• 본책 p.60–63 • 별책 p.8–9	월 일
	3. 확장	• 본책 p.64–66	월 일
	Review Test 1 p.67-70		월 일
Week 5 Unit 5	1. 읽기	• 본책 p.72–77 • 온라인 단어 학습	월 일
	2. 이해	• 본책 p.78–81 • 별책 p.10–11	월 일
	3. 확장	• 본책 p.82–84	월 일
Week 6 Unit 6	1. 읽기	• 본책 p.86–91 • 온라인 단어 학습	월 일
	2. 이해	• 본책 p.92–95 • 별책 p.12–13	월 일
	3. 확장	• 본책 p.96–98	월 일
Week 7 Unit 7	1. 읽기	• 본책 p.100–105 • 온라인 단어 학습	월 일
	2. 이해	• 본책 p.106–109 • 별책 p.14–15	월 일
	3. 확장	• 본책 p.110–112	월 일
Week 8 Unit 8	1. 읽기	• 본책 p.114–119 • 온라인 단어 학습	월 일
	2. 이해	• 본책 p.120–123 • 별책 p.16–17	월 일
	3. 확장	• 본책 p.124–126	월 일
	Review Test 2 p.127-130		월 일

Key Words를 확실하게 익히는 온라인 단어 학습!

온라인 학습으로 지문을 이해하는 데 필요한 단어들을 꼼꼼하게 익혀요. 단어의 철자와 의미를 정확하게 알게 돼요.

길벗스쿨 e 클래스에서 오디오 바로 듣기

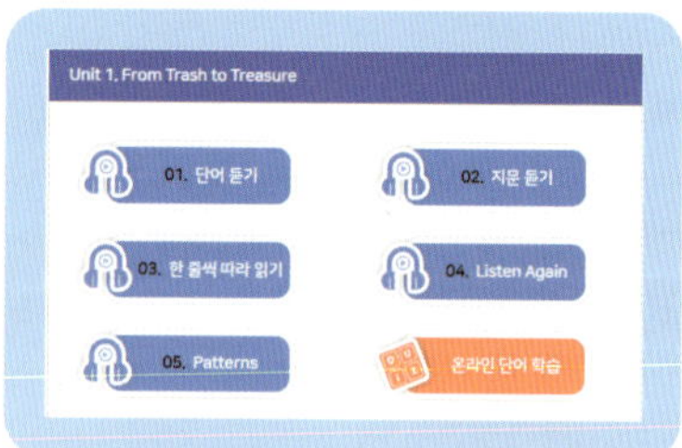

eclass.gilbut.co.kr에서 학습에 필요한 모든 음원을 제공합니다. 오디오 번호를 찾아 한 번만 탭 하면 해당 유닛의 단어와 스토리 음원을 바로 들을 수 있어요.

Practice Book으로 꼼꼼한 보충 학습!

문장을 의미 단위로 나누어 읽고 쓰며 문장 감각을 키우는 별책 연습서를 제공해요.

Unit 1

From Trash to Treasure

STEP 1 읽기 핵심 단어를 익혀서 스토리 듣고 읽기

STEP 2 이해 읽은 내용을 점검하여 스토리 이해하기

STEP 3 확장 필수 문형 학습으로 문장 이해력 키우기

Key Words

● 다음 단어들을 하나씩 손으로 짚으며 잘 들어 보세요. 01

throw away

plastic

pillow

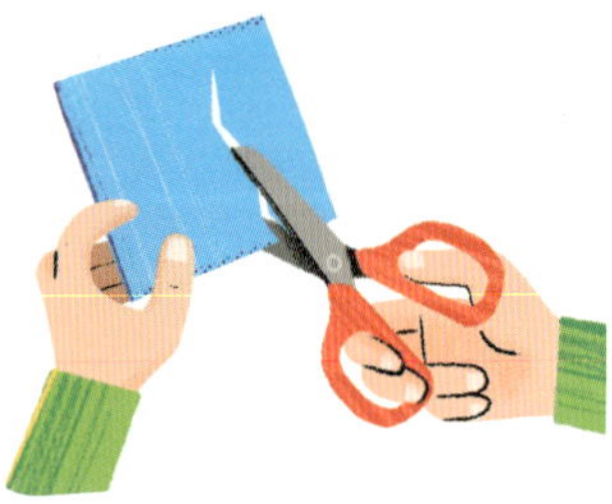

cut

paper

inside

trash

treasure

온라인 단어 학습

온라인 학습으로 단어를 꼼꼼히 익혀요.

A 단어와 우리말 뜻을 알맞게 연결하세요.

1	throw away	쓰레기
2	treasure	버리다
3	paper	보물
4	trash	종이

B 다음 우리말 뜻에 맞는 단어를 찾아 동그라미 하고 한 번 쓰세요.

e	s	y	t	g	w	b	l
k	p	l	a	s	t	i	c
p	e	h	a	b	m	o	f
i	n	d	j	s	u	t	v
l	c	y	n	f	i	p	j
l	u	k	o	q	k	a	c
o	i	n	s	i	d	e	u
w	b	g	x	m	r	h	t

1 플라스틱으로 된

p

2 베개

p

3 자르다

c

4 ~의 안에

i

From Trash to Treasure

Tim and Lily help their mom clean up.

She is throwing away some old plastic boxes.

"They're too good to throw away!" Tim says.

"We can make something cool with them!" Lily says.

clean up 청소하다

"Let's make a bed for Snowy!" Lily says.

Lily puts a soft pillow in one box.

They draw snow and fish on the box.

Snowy jumps in right away.

right away 당장, 바로

Now Tim has an idea.

"**What about** a special box **for** Dad?"

Tim cuts thick paper and makes four sections.

They draw their dad's face on the box.

thick 두꺼운 | section 부분, 구역

They put his things inside it.
"It's perfect!" Lily says.

"Look, Dad! We reused a box!
It's not trash anymore." Tim says.
"**You turned** trash **into** treasure!" Dad says, smiling.

reuse 재사용하다 | anymore 더 이상 | turn 변하게 만들다

Comprehension

A 보기에서 알맞은 단어를 골라 빈칸에 쓰세요.

treasure pillow special plastic inside

1 

She is throwing away some old ________ boxes.

2 

Lily puts a soft ________ in one box.

3 

They put his things ________ it.

4 

"You turned trash into ________!"

5 

"What about a ________ box for Dad?"

B 완전한 문장이 되도록 바르게 연결하세요.

1 

They help

2 

We can make

3 

They draw

4 

It's not

trash anymore.

their mom clean up.

something cool with them!

their dad's face on the box.

C 다음 문장이 옳으면 T(True), 틀리면 F(False)에 동그라미 하세요.

1 This story is about reusing some bottles. T F

2 Tim and Lily make a special box for their dad. T F

3 They draw fish on their dad's box. T F

D 팀과 릴리가 만든 두 가지 물건에 대한 정보를 완성해 보세요.

A Bed for Snowy

Lily puts a __________ pillow in the box.

Lily and Tim draw __________ and fish on the box.

A Special Box for Their Dad

Tim cuts __________ paper and makes four sections.

Lily and Tim draw their dad's __________ on the box.

thick snow face soft

Think & Say

재활용품 중 하나를 골라 무엇을 만들 수 있을지 말해 보세요.

- ☐ a jam jar 
- ☐ a milk carton 
- ☐ a tuna can 
- ☐ an old towel 

I can make __________(새 물건)

with __________(재료).

Listen Again

● 스토리를 다시 들으며 빈칸에 알맞은 단어를 써 넣으세요. 04

Tim and Lily help their mom clean up. She is throwing away some old ________ boxes. "They're too good to ________ away!" Tim says. "We can make something cool with them!" Lily says.

"Let's make a ________ for Snowy!" Lily says. Lily puts a soft ________ in one box. They draw snow and fish on one box.
Snowy jumps in right away.

Now Tim has an idea. "What about a ________ box for Dad?" Tim ________s thick ________ and makes four sections. They draw their dad's face on the box.

They put his things ________ it. "It's perfect!" Lily says.
"Look, Dad! We reused a box! It's not ________ anymore." Tim says. "You turned trash into ________!" Dad says, smiling.

trash
treasure
cut
plastic
inside
paper
throw
bed
pillow
special

Sentence Patterns

● 다음 필수 문형을 다양한 예문에 적용해 보세요. 05

1 They help their mom ______ . 그들은 엄마가 ~하는 것을 도와요.

❶ 그들은 엄마가 청소하는 것을 도와요.

They help their mom clean up .

❷ 그들은 엄마가 문을 여는 것을 도와요.

They help their mom ______ .

❸ 그들은 엄마가 안경을 찾는 것을 도와요.

They help their mom ______ .

2 What about ______ for ______ ? …을 위한 ~은 어때요?

❶ 아빠를 위한 특별한 상자는 어때요?

What about a special box for Dad ?

❷ 할아버지를 위한 담요는 어때요?

What about ______ for ______ ?

❸ 네 친구를 위한 선물은 어때?

What about ______ for ______ ?

Word Box

- a bottle, a lamp 병, 램프
- a present, your friend 선물, 네 친구
- find her glasses 안경을 찾다
- open the door 문을 열다
- a blanket, Grandpa 담요, 할아버지
- a glass, a vase 유리잔, 꽃병

3 You turned ______ into ______. 너는 ~을 …으로 바꿨어.

① 너는 쓰레기를 보물로 바꿨어.

You turned trash into treasure.

② 너는 병을 램프로 바꿨어.

You turned ______ into ______.

③ 너는 유리잔을 꽃병으로 바꿨어.

You turned ______ into ______.

Try Writing

배운 필수 문형을 활용해 영작해 보세요.

1

너는 상자를 로켓으로 바꿨어. (a box, a rocket)

______

2

그들은 엄마가 카트를 미는 것을 도와요. (push the cart)

______

3

할머니를 위한 편지는 어때요? (a letter, Grandma)

______

Think More

Sort It Right!

★ 각 물건을 알맞은 분리수거함에 연결해 보세요.

soda can

notebook

fork

water bottle

jam jar

glass bottle

newspaper

bottle cap

Plus 플라스틱 병은 새 옷이나 가방, 운동화로 다시 태어날 수 있어요. 종이는 새 책이나 공책, 휴지로 변신해요. 캔이나 알루미늄은 녹여서 자전거 부품이나 자동차 부품처럼 튼튼한 금속 제품으로 바뀔 수 있어요. 이처럼 분리수거와 재활용은 쓰레기를 새 자원으로 바꾸는 멋진 방법이에요.

Unit 2

My Dad in Space

STEP 1 읽기 핵심 단어를 익혀서 스토리 듣고 읽기

STEP 2 이해 읽은 내용을 점검하여 스토리 이해하기

STEP 3 확장 필수 문형 학습으로 문장 이해력 키우기

Key Words

- 다음 단어들을 하나씩 손으로 짚으며 잘 들어 보세요. 06

온라인 단어 학습

온라인 학습으로 단어를 꼼꼼히 익혀요.

A 단어와 우리말 뜻을 알맞게 연결하세요.

1 astronaut	우주 비행사
2 space	치약
3 gravity	우주
4 toothpaste	중력

B 우리말 뜻에 맞는 단어가 되도록 빈칸에 알맞은 글자를 쓰세요.

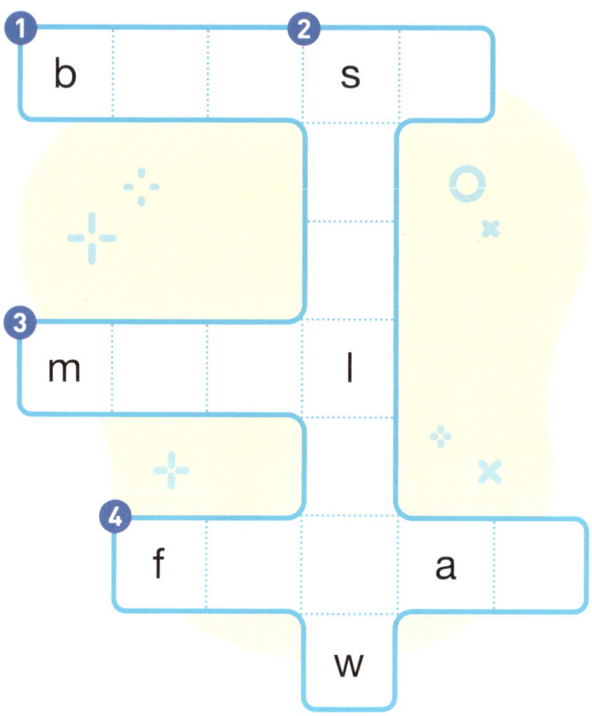

1 칫솔질을 하다

2 (음식 등을) 삼키다

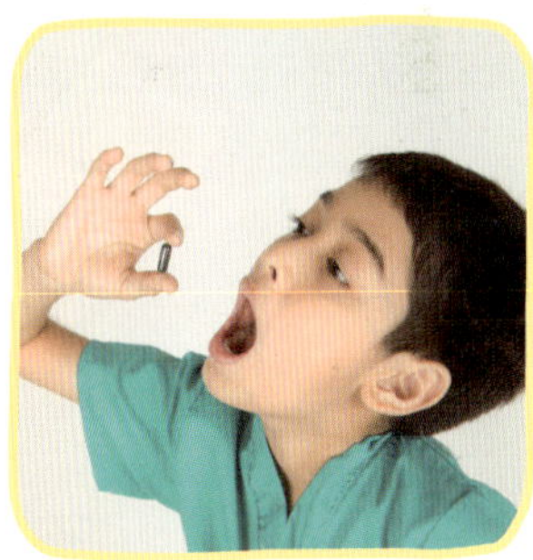

3 식사

4 (물·공중에) 뜨다

My Dad in Space

My dad is an astronaut.

He lives on a space station.

There is no gravity, so everything floats.

space station 우주 정거장

Dad brushes his teeth with a special toothpaste.

He swallows it after brushing.

There are no showers in space.

He cleans his body with a wet cloth.

shower 샤워 | cloth 천

Dad eats breakfast in space.

He can only eat packaged meals.

If not, the food would float away.

At night, Dad sleeps in a sleeping bag.

The bag is tied to the wall.

packaged 포장된 | sleeping bag 침낭 | tie 묶다 | wall 벽

Through the window, he can see Earth.

He says Earth looks so beautiful from space.

Sometimes, **I wish I could** be there with him.

I miss Dad a lot.

through ~을 통해 | Earth 지구 | sometimes 때때로, 가끔 | miss 그리워하다 | a lot 많이

Comprehension

A 보기에서 알맞은 단어를 골라 빈칸에 쓰세요.

meal cloth gravity wall astronaut

1 

There is no ________, so everything floats.

2 

The bag is tied to the ________.

3 

He cleans his body with a wet ________.

4 

My dad is an ________.

5 

He can only eat packaged ________s.

B 완전한 문장이 되도록 바르게 연결하세요.

1 	Through the window,	be there with him.
2 	He lives on	float away.
3 	If not, the food would	a space station.
4 	I wish I could	he can see Earth.

C 다음 문장이 옳으면 T(True), 틀리면 F(False)에 동그라미 하세요.

1. This story is about a dad living in space. T F
2. The dad brushes his teeth with water. T F
3. The dad can't take a shower in space. T F

D 우주 환경에서 아빠는 어떻게 생활하나요? 빈칸을 채우세요.

Cause(원인)	Result(결과)
There is no gravity in space.	• Everything ____________. • Dad can only eat ____________ meals. • He sleeps in a sleeping bag. The bag is ____________ to the wall.
There are no showers in space.	• Dad cleans his body with a ____________ cloth. • He brushes his teeth with a special ____________. He swallows it after brushing.

packaged　wet　toothpaste　floats　tied

Think & Say

우주 비행사가 된다면 어떤 일을 가장 해보고 싶나요?

- ☐ float in the air
- ☐ meet aliens
- ☐ look at Earth from space
- ☐ walk on Mars

I want to ____________ if I become an astronaut.

Listen Again

● 스토리를 다시 들으며 빈칸에 알맞은 단어를 써 넣으세요. 09

My dad is an [   ]. He lives on a space station. There is no [   ], so everything floats.

Dad brushes his teeth with a special [   ].
He [   ]s it after brushing.
There are no showers in [   ]. He cleans his body with a wet cloth.

Dad eats [   ] in space. He can only eat packaged [   ]s. If not, the food would [   ] away.
At night, Dad sleeps in a sleeping bag. The bag is tied to the wall.

Through the window, he can see [   ].
He says Earth looks so [   ] from space.
Sometimes, I wish I could be there with him. I miss Dad a lot.

- gravity
- swallow
- breakfast
- meal
- Earth
- astronaut
- beautiful
- float
- space
- toothpaste

Sentence Patterns

● 다음 필수 문형을 다양한 예문에 적용해 보세요. 10

1 He lives on ______. 그는 ~에서 살아요.

❶ 그는 우주 정거장에서 살아요.

He lives on a space station.

❷ 그는 배에서 살아요.

He lives on ______.

❸ 그는 산에서 살아요.

He lives on ______.

2 There is no ______. ~이 없어요.

❶ 중력이 없어요.

There is no gravity.

❷ 음식이 없어요.

There is no ______.

❸ 시간이 없어요.

There is no ______.

Word Box

- talk to animals 동물들과 이야기하다
- a boat 배
- a mountain 산
- go to the moon 달에 가다
- food 음식
- time 시간

3 I wish I could ______. 나는 ~할 수 있다면 좋겠어요.

① 나는 그와 함께 거기 있을 수 있다면 좋겠어요.

I wish I could be there with him.

② 나는 달에 갈 수 있다면 좋겠어요.

I wish I could ______.

③ 나는 동물들과 이야기할 수 있다면 좋겠어요.

I wish I could ______.

Try Writing

배운 필수 문형을 활용해 영작해 보세요.

1

돈이 없어요. (money)

______

2

그는 농장에서 살아요. (a farm)

______

3

나는 돌고래와 수영할 수 있다면 좋겠어요. (swim with dolphins)

______

Think More

Space Life

★ 우주선 안에서 가능한 일이면 O, 불가능한 일이면 X에 표시하세요.

1. I see many stars. O X

2. I sleep in a bed. O X

3. I float in the air. O X

4. I cook on a stove. O X

5. I fly a kite. O X

6. I eat packaged food for breakfast. O X

Plus 우주에는 중력이 없어서 지구와 달리 화장실에도 특별한 장치가 필요해요. 강한 바람을 일으켜 공기로 용변을 빨아들이는 방식이에요. 우주 비행사는 좁은 통에 앉아 안전 벨트를 매고 사용해야 해요. 소변은 정화 장치를 거쳐 깨끗한 물로 바꿔 다시 사용할 수도 있어요.

Unit 3

Flea Market Fun

STEP 1 읽기 핵심 단어를 익혀서 스토리 듣고 읽기

STEP 2 이해 읽은 내용을 점검하여 스토리 이해하기

STEP 3 확장 필수 문형 학습으로 문장 이해력 키우기

Key Words

- 다음 단어들을 하나씩 손으로 짚으며 잘 들어 보세요. 11

flea market

warm

soft

wrap

giant

tie

tape

shirt

온라인 단어 학습

온라인 학습으로 단어를 꼼꼼히 익혀요.

A 단어와 우리말 뜻을 알맞게 연결하세요.

1	flea market	• •	부드러운
2	warm	• •	따뜻한
3	tie	• •	묶다
4	soft	• •	벼룩시장

B 다음 우리말 뜻에 맞는 단어를 찾아 동그라미 하고 한 번 쓰세요.

n	c	u	x	y	f	q	h
p	u	s	k	m	g	e	t
s	h	i	r	t	i	p	n
z	d	j	b	l	a	c	r
r	o	y	c	v	n	h	w
g	u	k	m	f	t	l	o
a	w	r	a	p	d	u	b
e	r	i	t	a	p	e	j

1 둘러싸다, 감싸다

w

2 거대한

g

3 테이프로 붙이다

t

4 셔츠

s

Flea Market Fun

It's flea market day at school!

There are lots of interesting things.

Jake holds up a helmet.

"This is a strong bike helmet!

It will keep you safe. Only six dollars!" he says.

interesting 흥미로운 | hold up 들어 올리다

Mia shows Ethan a big red scarf.

"It's warm and soft!" she says.

She wraps it around him.

"**How much is it?**" Ethan asks.

"Just four dollars!" Mia says.

Leo picks up a giant star.

"It's a Christmas star! **It will make** your tree shine," he says.

"That looks awesome! I'll take it!" Ethan says.

pick up ~을 집다 | shine 빛나다 | awesome 엄청난

Ethan puts on the helmet.

He ties the scarf like a cape.

Then he tapes the star to his shirt.

"Look! I'm Super Ethan!" he shouts.

Everyone looks at Ethan and giggles.

put on 몸에 걸치다 | cape 망토 | giggle 킥킥거리다

Comprehension

A 보기에서 알맞은 단어를 골라 빈칸에 쓰세요.

wrap strong star flea market everyone

1 

It's ____________ day at school!

2 

Leo picks up a giant ____________.

3 

"This is a ____________ bike helmet!"

4 

She ____________s it around Ethan.

5 

____________ looks at Ethan and giggles.

B 완전한 문장이 되도록 바르게 연결하세요.

1 

There are lots of • • your tree shine.

2 

It will make • • interesting things.

3 

How much • • like a cape.

4 

He ties the scarf • • is it?

C 다음 문장이 옳으면 T(True), 틀리면 F(False)에 동그라미 하세요.

1 They're having a toy market. T F

2 Mia sells a red scarf for four dollars. T F

3 Ethan tapes the star to the scarf. T F

D 다음은 어떤 물건에 대한 묘사일까요? 알맞은 그림과 연결하세요.

It's warm and soft! •

It will keep you safe. •

It will make your tree shine. •

• 

• 

• 

Think & Say

곧 벼룩시장이 열려요. 어떤 물건을 팔고 싶나요?

- ☐ old toys
- ☐ storybooks
- ☐ handmade keychains
- ☐ funny drawings

I want to sell my ______________ at a flea market.

Listen Again

● 스토리를 다시 들으며 빈칸에 알맞은 단어를 써 넣으세요. 14

It's ______ day at school! There are lots of interesting things. Jake holds up a helmet. "This is a ______ bike helmet! It will keep you safe. Only six dollars!" he says.

Mia shows Ethan a big red scarf. "It's ______ and ______!" she says. She ______s it around him. "How much is it?" Ethan asks. "Just four dollars!" Mia says.

Leo picks up a ______ star. "It's a Christmas star! It will make your tree ______," he says. "That looks awesome! I'll take it!" Ethan says.

Ethan puts on the helmet. He ______s the scarf like a cape. Then he ______s the star to his ______. "Look! I'm Super Ethan!" he shouts. Everyone looks at Ethan and giggles.

tape
shine
flea market
tie
giant
strong
wrap
soft
warm
shirt

Sentence Patterns

● 다음 필수 문형을 다양한 예문에 적용해 보세요. 15

1 How much is ______ ? ~은 얼마인가요?

❶ 그것은 얼마인가요?

How much is ___it___ ?

❷ 그 책가방은 얼마인가요?

How much is ______ ?

❸ 그 표는 얼마인가요?

How much is ______ ?

2 It will make ______ ______ . 그것은 ~을 … 하게 만들 거예요.

❶ 그것은 네 나무를 빛나게 만들 거예요.

It will make ___your tree___ ___shine___ .

❷ 그것은 눈을 녹게 만들 거예요.

It will make ______ ______ .

❸ 그것은 선풍기를 멈추게 만들 거예요.

It will make ______ ______ .

Word Box

• the snow, melt 눈, 녹다 • the ticket 그 표 • the fan, stop 선풍기, 멈추다
• the backpack 그 책가방 • the coat 코트 • the hat 모자

3 He puts on ______ . 그는 ~을 써요(입어요).

① 그는 헬멧을 써요.

He puts on the helmet .

② 그는 모자를 써요.

He puts on ______ .

③ 그는 코트를 입어요.

He puts on ______ .

Try Writing

배운 필수 문형을 활용해 영작해 보세요.

1 

그 티셔츠는 얼마인가요? (the T-shirt)

______

2 

그는 장갑을 껴요. (the gloves)

______

3 

그것은 풍선을 터지게 만들 거예요. (the balloon, pop)

______

Think More

At the Flea Market

★ 벼룩시장에 다양한 물건이 나와 있어요.
문장을 잘 읽고 내용이 맞으면 ○, 틀리면 ×에 표시하세요.

1. The basketball is $9. O X

2. I have $5. I can buy the scarf. O X

3. I have $12. I can buy the teddy bear and the umbrella. O X

4. I want the comic book and the rain boots. I need $13. O X

Plus 벼룩시장(Flea market)은 중고품을 파는 프랑스 시장에서 유래한 말이에요. 옛날 중고 시장에서 파는 물건에서 실제로 벼룩이 많이 나와 벼룩시장으로 불렸다고 해요. 오늘날에는 벼룩을 찾아보기 힘들지만, '벼룩시장'이라는 이름은 그대로 남아 중고 물건을 사고파는 친근한 시장을 뜻하게 되었어요.

Unit

4

Our Science Day

STEP 1 읽기 핵심 단어를 익혀서 스토리 듣고 읽기

STEP 2 이해 읽은 내용을 점검하여 스토리 이해하기

STEP 3 확장 필수 문형 학습으로 문장 이해력 키우기

Key Words

- 다음 단어들을 하나씩 손으로 짚으며 잘 들어 보세요. 16

science

huge

planet

shake

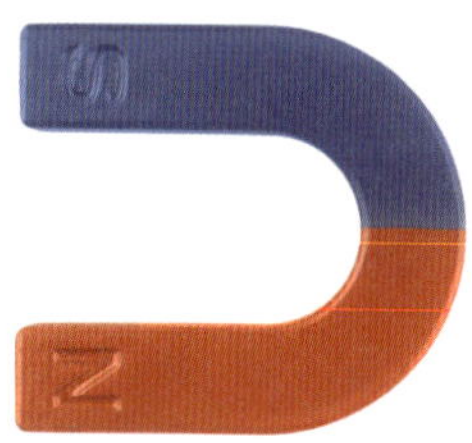
magnet

stick

invent

machine

온라인 단어 학습

온라인 학습으로 단어를 꼼꼼히 익혀요.

A 단어와 우리말 뜻을 알맞게 연결하세요.

1 planet	•	• 자석
2 magnet	•	• 과학
3 science	•	• 붙다, 붙이다
4 stick	•	• 행성

B 우리말 뜻에 맞는 단어가 되도록 빈칸에 알맞은 글자를 쓰세요.

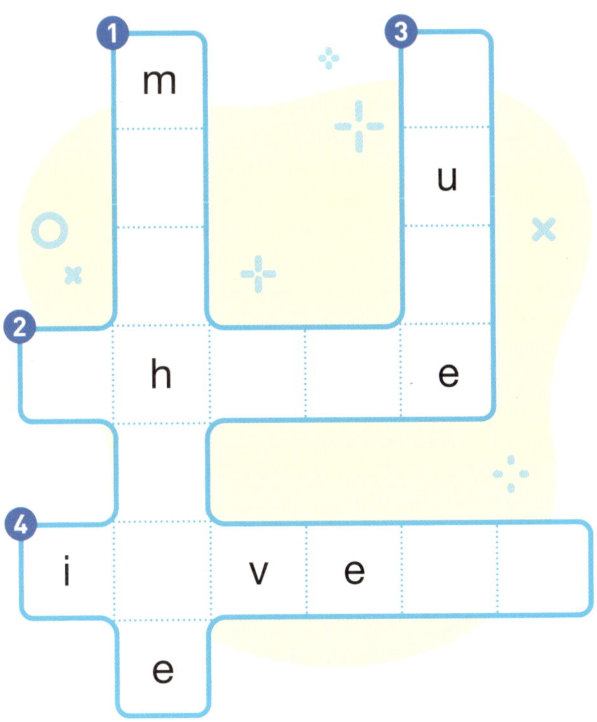

1 기계

2 흔들다

3 거대한

4 발명하다

1 전체 지문 듣기 17 | 2 한 줄씩 따라 읽기 18 | 3 스스로 읽기

Our Science Day

Today, we visit the science museum.

This place has many science ideas!

We start on the 1st floor.

A huge screen shows the planets.

“I see Saturn’s rings!” Emma says.

place 장소 | idea 발상, 생각 | 1st floor 1층 | screen 화면 | Saturn 토성 | ring 고리

Next, we go up to the 2nd floor.

We see dancing robots.

They clap, turn, and shake.

"**They're like** K-pop stars!" I say.

2nd floor 2층 | world 세계 | theater 극장 | turn 돌다

On the 3rd floor is the magnet room.

We do a fun experiment there.

We see what sticks to magnets.

"It picks up the spoon!" Max says.

3rd floor 3층 | experiment 실험

We stop by the gift shop.

We buy some toy robots.

"**I want to be** a robot maker!" Max says.

"I will invent a cool machine someday!" Emma says.

Our science dreams begin today.

stop by 들르다 | maker 만드는 사람

Comprehension

A 보기에서 알맞은 단어를 골라 빈칸에 쓰세요.

huge shake invent stick magnet

1 

On the 3rd floor is the ________ room.

2 

"I will ________ a cool machine someday!" Emma says.

3 

They clap, turn, and ________ .

4 

A ________ screen shows the planets.

5 

We see what ________s to magnets.

B 완전한 문장이 되도록 바르게 연결하세요.

1 

We visit •

2 

They're like •

3 

I want to be •

4 

We do •

• a fun experiment there.

• a robot maker!

• K-pop stars!

• the science museum.

C 다음 문장이 옳으면 T(True), 틀리면 F(False)에 동그라미 하세요.

1 On the 2nd floor, they see dancing robots. T F

2 The magnet picks up a spoon. T F

3 They buy toy cars at the gift shop. T F

D 빈칸에 알맞은 단어를 넣어 박물관의 각 층에 대한 정보를 완성해 보세요.

1st floor – Space Theater

· You can see the ___________s on a huge screen.

· You can see Saturn's ___________s.

2nd floor – Robot World

· You can see ___________ robots.

· The robots are clapping, turning, and shaking.

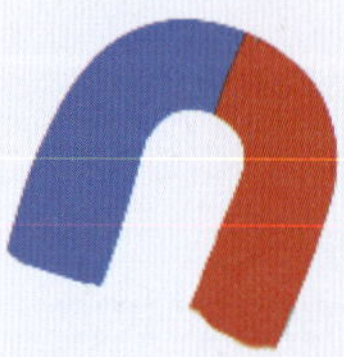

3rd floor – Magnet Room

· You can do a fun ___________.

· You can see what sticks to ___________s.

magnet	ring	dancing	planet	experiment

Think & Say

과학관에 간다면 어느 장소를 가장 먼저 관람하고 싶나요?

- ☐ Dinosaur Hall
- ☐ Robot Zone
- ☐ Space Gallery
- ☐ Life Science Zone

I want to visit the ___________ first at the science museum.

Listen Again

● 스토리를 다시 들으며 빈칸에 알맞은 단어를 써 넣으세요. 19

Today, we visit the ________ museum. This place has many science ideas!
We start on the 1st floor. A ________ screen shows the ________s. "I see Saturn's rings!" Emma says.

Next, we go up to the 2nd floor. We see dancing robots. They ________, turn, and ________. "They're like K-pop stars!" I say.

On the 3rd floor is the ________ room. We do a fun experiment there.
We see what ________s to magnets. "It picks up the ________!" Max says.

We stop by the gift shop. We buy some toy robots. "I want to be a robot maker!" Max says. "I will ________ a cool ________ someday!" Emma says. Our science dreams begin today.

magnet
huge
invent
science
spoon
planet
clap
stick
machine
shake

Sentence Patterns

● 다음 필수 문형을 다양한 예문에 적용해 보세요. 20

1 We see ____-ing ____. 우리는 ~하고 있는 …을 봐요.

① 우리는 춤추고 있는 로봇들을 봐요.

We see dancing robots.

② 우리는 빛나고 있는 별들을 봐요.

We see ________ ________.

*마지막 글자가 자음+e로 끝나는 동사는 e를 빼고 -ing를 붙여요.

③ 우리는 움직이고 있는 그림자를 봐요.

We see ________ ________.

2 They are like ____. 그들은 ~ 같아요.

① 그들은 K-팝 스타 같아요.

They are like K-pop stars.

② 그들은 영화 배우 같아요.

They are like ________.

③ 그들은 슈퍼히어로 같아요.

They are like ________.

Word Box

- a drone pilot 드론 조종사
- shine, stars 빛나다, 별들
- move, shadows 움직이다, 그림자
- superheroes 슈퍼히어로들
- movie stars 영화 배우들
- a toy designer 장난감 디자이너

3 I want to be ______ . 나는 ~이 되고 싶어요.

❶ 나는 로봇 만드는 사람이 되고 싶어요.

I want to be a robot maker .

❷ 나는 드론 조종사가 되고 싶어요.

I want to be ______ .

❸ 나는 장난감 디자이너가 되고 싶어요.

I want to be ______ .

Try Writing

배운 필수 문형을 활용해 영작해 보세요.

1

나는 버스 운전사가 되고 싶어요. (a bus driver)

______

2

그들은 게임 캐릭터 같아요. (game characters)

______

3

우리는 솟아오르고 있는 공기방울을 봐요. (rise, bubbles)

______

* 마지막 글자가 자음+e로 끝나는 동사는 e를 빼고 -ing를 붙여요.

Think More

Science Museum Floor Guide

★ 과학 박물관의 층별 안내도를 보고, 아이들이 몇 층으로 가야 하는지 빈칸에 쓰세요.

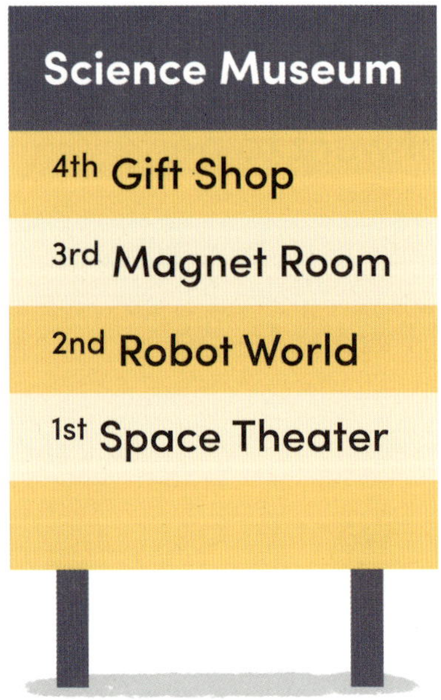

I want to see dancing robots.

Go to the ________ floor.

I want to see a space show.

Go to the ________ floor.

I want to try an experiment with magnets.

Go to the ________ floor.

I want to buy a toy robot.

Go to the ________ floor.

Plus 과학 박물관은 신기하고 재미있는 과학을 직접 체험할 수 있는 곳이에요. 태양계 모형을 볼 수 있는 우주관, 기후 변화를 느껴볼 수 있는 환경관, 인체의 신비를 탐험할 수 있는 인체관, 전기와 자기 현상을 실험할 수 있는 에너지관, 미래 기술을 상상해 보는 미래과학관 등 여러 전시관이 마련되어 있어요.

Review Test 1
(Unit ① – Unit ④)

/ 25개

A 그림에 알맞은 단어를 고르세요.

1 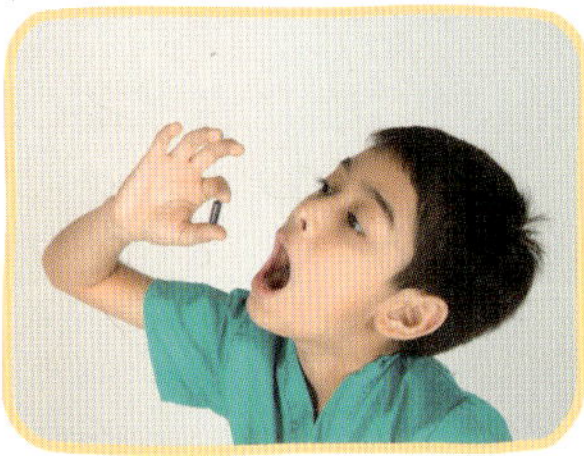

ⓐ swallow ⓑ float ⓒ invent

2 

ⓐ brush ⓑ cut ⓒ tie

3 

ⓐ shake ⓑ clean ⓒ tape

4 

ⓐ paper ⓑ plastic ⓒ pillow

5 

ⓐ magnet ⓑ planet ⓒ astronaut

6 

ⓐ trash ⓑ shirt ⓒ treasure

B 그림을 보고 알맞은 문장을 고르세요.

1 

ⓐ He puts a soft pillow in the box.

ⓑ He cuts thick paper and makes four sections.

2 

ⓐ He cleans his body with a wet cloth.

ⓑ He sleeps in a sleeping bag.

3 

ⓐ This star will keep you safe.

ⓑ This star will make your tree shine.

4 

ⓐ The magnet picks up the spoon.

ⓑ They buy some toy robots.

★★
C 알맞은 단어를 골라 문장을 완성하세요.

1 There [ⓐ is ⓑ are] lots of interesting things.

2 She is [ⓐ throw ⓑ throwing] away some old plastic boxes.

3 There is no [ⓐ meal ⓑ gravity] in space, so everything floats.

4 I [ⓐ invent ⓑ will invent] a cool machine someday!

D 짧은 글을 읽고 질문에 알맞은 대답을 고르세요.

1 다음 글에서 it이 가리키는 물건을 고르세요.

"It's warm and soft!" Mia says.
Mia wraps it around Ethan.
"How much is it?" Ethan asks.

ⓐ 

ⓑ 

2 다음 글을 읽고, He가 어떤 직업을 가졌는지 고르세요.

Through the window, he can see Earth. He says Earth looks so beautiful from space.

ⓐ a police officer

ⓑ an astronaut

3 빈칸에 들어갈 알맞은 문장을 고르세요.

We start on the 1st floor.
A huge screen shows the planets.
"________________" Emma says.

ⓐ They're like K-pop stars!

ⓑ I see Saturn's rings!

4 빈칸에 들어갈 알맞은 문장을 고르세요.

Tim: Look, Dad! We reused a box!
It's not trash anymore.
Dad: ____________________

ⓐ You turned trash into treasure!

ⓑ Let's throw it away.

E 필수 패턴을 활용해 우리말에 알맞은 영어 문장을 완성하세요.

He lives on ______.	He puts on ______.
How much is ______?	I wish I could ______.

1 그는 코트를 입어요.

→ ______________________ the coat.

2 나는 달에 갈 수 있다면 좋겠어요.

→ ______________________ go to the moon.

3 그 표는 얼마인가요?

→ ______________________ the ticket?

4 그는 배에서 살아요.

→ ______________________ a boat.

F 우리말에 알맞은 영어 문장을 쓰세요.

1 나는 장난감 디자이너가 되고 싶어요. (a toy designer, be, I, want to)

→ ______________________________________.

2 시간이 없어요. (no, is, time, there)

→ ______________________________________.

3 그것은 눈을 녹게 만들 거예요. (the snow, melt, will, it, make)

→ ______________________________________.

Unit 5

The Shiny Magic Pencil

STEP 1 읽기 핵심 단어를 익혀서 스토리 듣고 읽기

STEP 2 이해 읽은 내용을 점검하여 스토리 이해하기

STEP 3 확장 필수 문형 학습으로 문장 이해력 키우기

Key Words

● 다음 단어들을 하나씩 손으로 짚으며 잘 들어 보세요. 21

hate

homework

solve

wish

shiny

whisper

finish

keep -ing

온라인 단어 학습

온라인 학습으로 단어를 꼼꼼히 익혀요.

A 단어와 우리말 뜻을 알맞게 연결하세요.

1	hate	속삭이다
2	whisper	~을 계속하다
3	keep -ing	숙제
4	homework	매우 싫어하다

B 다음 우리말 뜻에 맞는 단어를 찾아 동그라미 하고 한 번 쓰세요.

y	d	r	w	m	q	a	u
j	n	i	p	o	h	s	d
w	g	c	y	e	b	o	f
i	s	h	i	n	y	l	s
s	z	q	o	f	a	v	j
h	l	k	m	r	g	e	v
o	b	u	h	x	n	p	l
t	f	i	n	i	s	h	c

1 빛나는

s

2 풀다, 해결하다

s

3 끝내다

f

4 바라다

w

The Shiny Magic Pencil

Lily really hates homework.

But her teacher gives her three things to do.

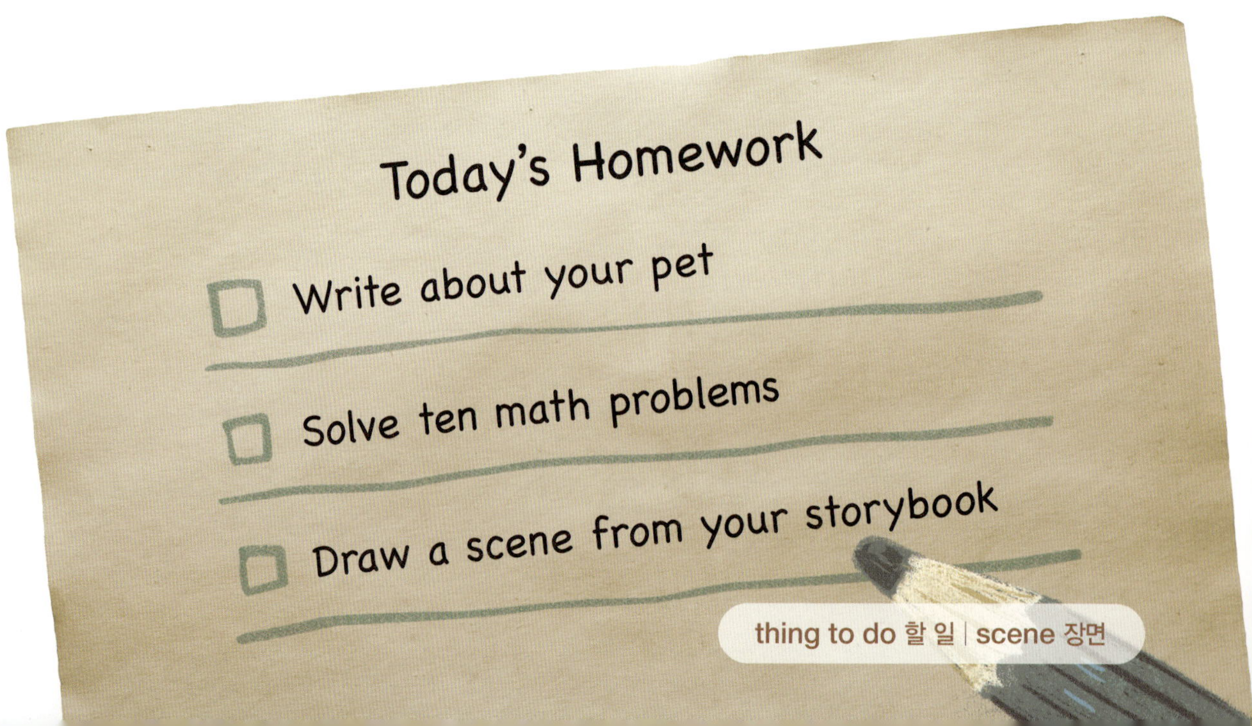

thing to do 할 일 | scene 장면

"I wish someone could do it for me," Lily says.

Then, she sees a shiny pencil in her bag.

The pencil whispers, "**I can** do your homework."

Lily's eyes get big. "What is happening?"

get big 커지다 | happen 벌어지다

Lily puts her homework **on** the desk.

The pencil starts to write and draw!

It finishes everything fast.

Lily smiles. "Wow! This pencil is amazing!"

amazing 놀라운

Suddenly, the pencil shouts.

"I love writing. I don't want to stop."

It keeps writing.

Papers fly around the room — on the desk, on the chair, even on her head!

"Help! My pencil won't stop!" Lily cries.

even 심지어 | cry 외치다

Comprehension

A 보기에서 알맞은 단어를 골라 빈칸에 쓰세요.

whisper	stop	wish	keep	write

1 

The pencil starts to ______________ and draw!

2 

"I ______________ someone could do it for me," Lily says.

3 

"I love writing. I don't want to stop."

It ______________s writing.

4 

The pencil ______________s,

"I can do your homework."

5 

"Help! My pencil won't ______________!" Lily cries.

B 완전한 문장이 되도록 바르게 연결하세요.

1 

She really • • around the room.

2 

Her eyes • • on the desk.

3 

She puts her homework • • get big.

4 

Papers fly • • hates homework.

C 다음 문장이 옳으면 T(True), 틀리면 F(False)에 동그라미 하세요.

1 Lily likes doing her homework. T F

2 The teacher gives Lily only one thing to do. T F

3 The pencil finishes Lily's homework slowly. T F

D 문장을 읽고, 일이 일어난 순서에 맞게 번호를 쓰세요.

	Papers fly around the room.
	The pencil starts to write and draw!
1	Lily really hates homework.
	The pencil whispers, “I can do your homework.”
	Then, she sees a shiny pencil in her bag.

Think & Say

만약 마법 연필이 있다면, 어떤 일을 시키고 싶나요?

- ☐ write my diary
- ☐ do my homework
- ☐ draw a nice picture
- ☐ take tests for me

I want my pencil to ________________.

• take a test 시험을 보다

Listen Again

● 스토리를 다시 들으며 빈칸에 알맞은 단어를 써 넣으세요. 24

Lily really [   ]s homework. But her teacher gives her three things to do.

• Write about your pet • [   ] ten math problems

• Draw a scene from your storybook

"I [   ] someone could do it for me," Lily says.
Then, she sees a [   ] pencil in her bag.
The pencil [   ]s, "I can do your [   ]."
Lily's eyes get big. "What is happening?"

Lily puts her homework on the desk. The pencil starts to write and draw!
It [   ]es everything fast. Lily smiles. "Wow! This pencil is amazing!"

Suddenly, the pencil [   ]s. "I love writing. I don't want to stop." It [   ]s writing. Papers fly around the room — on the desk, on the chair, even on her head! "Help! My [   ] won't stop!" Lily cries.

finish
solve
keep
hate
shout
shiny
wish
pencil
homework
whisper

Sentence Patterns

● 다음 필수 문형을 다양한 예문에 적용해 보세요. (25)

1 I can ______ . 나는 ~할 수 있어요.

❶ 나는 네 숙제를 할 수 있어.

I can do your homework .

❷ 나는 그 가방을 들 수 있어요.

I can ______ .

❸ 나는 그 다리를 건널 수 있어요.

I can ______ .

2 She puts ______ on ______ . 그녀는 ~을 … 위에 놓아요.

❶ 그녀는 숙제를 책상 위에 놓아요.

She puts her homework on the desk .

❷ 그녀는 그 지우개를 탁자 위에 놓아요.

She puts ______ on ______ .

❸ 그녀는 그 소금을 선반 위에 놓아요.

She puts ______ on ______ .

Word Box

- the eraser, the table 그 지우개, 탁자
- the salt, the shelf 그 소금, 선반
- shake 흔들리다
- cross the bridge 그 다리를 건너다
- carry the bag 그 가방을 들다
- move 움직이다

3 It keeps ______-ing. 그것은 계속 ~해요.

❶ 그것은 계속 써요.

It keeps writing.

❷ 그것은 계속 움직여요.

It keeps ______.

*마지막 글자가 자음+e로 끝나는 동사는 e를 빼고 -ing를 붙여요.

❸ 그것은 계속 흔들려요.

It keeps ______.

Try Writing

배운 필수 문형을 활용해 영작해 보세요.

1 

나는 그 공을 잡을 수 있어요. (catch the ball)

______

2 

그것은 계속 무너져요. (fall)

______

3 

그녀는 동전들을 탁자 위에 놓아요. (some coins, the table)

______

Think More

After-School Activities

★ 다음 아이들이 방과 후에 어떤 활동을 하고 있나요? 알맞은 곳에 ✓ 표시하세요.

☐ read a book	☐ ride my bike	☐ draw pictures
☐ help Mom cook	☐ feed my pet	☐ clean my room
☐ watch TV	☐ have a snack	☐ practice the piano

Plus 수업이 끝난 뒤에 학교나 집에서 하는 다양한 경험은 내가 좋아하는 것과 잘하는 것을 찾는 기회가 됩니다. 방과 후에는 자전거를 타거나 책을 읽고, 피아노를 치거나 그림을 그리며 즐겁게 배워 보세요. 이런 활동을 통해 자신을 더 잘 알게 되고, 나만의 꿈도 조금씩 찾아갈 수 있을 거예요.

Unit 6

The Bird Olympics

STEP 1 읽기 | 핵심 단어를 익혀서 스토리 듣고 읽기

STEP 2 이해 | 읽은 내용을 점검하여 스토리 이해하기

STEP 3 확장 | 필수 문형 학습으로 문장 이해력 키우기

Key Words

- 다음 단어들을 하나씩 손으로 짚으며 잘 들어 보세요. (26)

show off

wing

ostrich

race

kiwi

dig

digging 파기

bill

world

온라인 단어 학습

온라인 학습으로 단어를 꼼꼼히 익혀요.

A 단어와 우리말 뜻을 알맞게 연결하세요.

1	bill	키위새
2	kiwi	타조
3	show off	(새의) 부리
4	ostrich	~을 자랑하다

B 우리말 뜻에 맞는 단어가 되도록 빈칸에 알맞은 글자를 쓰세요.

1 (구멍 등을) 파다

2 날개

3 세계

4 경주하다

The Bird Olympics

Welcome to the Bird Olympics!

Birds show off their amazing skills.

Penguins can't fly, but they swim very well.

They use their wings **to** swim.

"I'm the best swimmer!"

skill 기량, 기술 | best 최고의

Ostriches can't fly, but they run very fast.

They use their long legs to race.

The ostrich runs so fast

that it wins the gold medal!

Kiwis are birds, but they can't fly.

Their wings are too small for them to fly.

But **they are good at** digging with their bills.

"I'm the best digger!"

digger 땅을 파는 사람[동물]

These birds can't fly.

But they can do amazing things.

They all shine in the Bird Olympics!

Oh, and **don't forget** chickens!

They can't fly, but they wake up the world every morning.

forget 잊다 | wake up ~을 깨우다

Comprehension

A 보기에서 알맞은 단어를 골라 빈칸에 쓰세요.

swim bird world ostrich bill

1 

Penguins can't fly, but they ________ very well.

2 

Kiwis are good at digging with their ________s.

3 

________es can't fly, but they run very fast.

4 

They all shine in the ________ Olympics!

5 

They can't fly, but they wake up the ________ every morning.

B 완전한 문장이 되도록 바르게 연결하세요.

1  Kiwis' wings are •   • their long legs to race.

2  Penguins use •   • chickens!

3  Ostriches use •   • too small for them to fly.

4  Don't forget •   • their wings to swim.

C 다음 문장이 옳으면 T(True), 틀리면 F(False)에 동그라미 하세요.

1 All the birds in the story cannot fly. T F

2 Kiwis' wings are too big for them to fly. T F

3 Ostriches use their wings to race. T F

D 날지 못하는 새들이 가진 특별한 능력을 떠올리며 아래 표를 완성해 보세요.

Penguins ...

- ______ very well.
- use their ______ to swim.

Ostriches ...

- ______ very fast.
- use their long legs to race.

Kiwis ...

- are good at digging.
- use their ______ to dig.

wings	bills	run	swim

Think & Say

내가 가진 장점은 무엇인가요? 나에게 주는 상의 이름을 만들어 보세요.

- ☐ I wake up early. – **The Early Bird**
- ☐ I help my friends. – **The Best Helper**
- ☐ I always smile. – **The Smiling Star**
- ☐ I clean my room. – **The Best Cleaner**

Listen Again

● 스토리를 다시 들으며 빈칸에 알맞은 단어를 써 넣으세요. 29

Welcome to the Bird Olympics! Birds ________ their amazing ________s.

Penguins can't fly, but they swim very well. They use their ________s to swim. "I'm the best swimmer!"

Ostriches can't fly, but they run very fast. They use their long legs to ________.

The ________ runs so fast that it wins the gold medal!

________s are birds, but they can't fly. Their wings are too small for them to fly. But they are good at ________ging with their ________s. "I'm the best digger!"

These birds can't fly. But they can do amazing things. They all shine in the Bird Olympics!

Oh, and don't forget ________s! They can't fly, but they wake up the ________ every morning.

wing
ostrich
skill
world
dig
race
kiwi
chicken
bill
show off

Sentence Patterns

● 다음 필수 문형을 다양한 예문에 적용해 보세요. 30

1 They use ______ to ______ . 그들은 ~을 사용해서 …해요.

① 그들은 날개를 사용해서 수영해요.

They use their wings to swim .

② 그들은 가위를 사용해서 종이를 잘라요.

They use ______ to ______ .

③ 그들은 숟가락을 사용해서 수프를 먹어요.

They use ______ to ______ .

2 They are good at ______ -ing . 그들은 ~을 하는 데 능숙해요.

① 그들은 땅을 파는 데 능숙해요.

They are good at digging .

② 그들은 수영하기에 능숙해요.

They are good at ______ .

*모음+자음으로 끝나는 동사는 마지막 자음을 한 번 더 쓰고 -ing를 붙여요.

③ 그들은 달리기에 능숙해요.

They are good at ______ .

Word Box

- scissors, cut paper 가위, 종이를 자르다
- the map 지도
- run 달리다
- spoons, eat soup 숟가락, 수프를 먹다
- swim 수영하다
- your camera 네 카메라

3 Don't forget ________ ! ~을 잊지 말아요!

① 닭들을 잊지 말아요!

Don't forget chickens !

② 네 카메라를 잊지 마!

Don't forget ________ !

③ 지도를 잊지 말아요!

Don't forget ________ !

Try Writing

배운 필수 문형을 활용해 영작해 보세요.

1

네 점심을 잊지 마! (your lunch)

____

2

그들은 휴대폰을 사용해서 친구에게 전화해요. (phones, call friends)

____

3

그들은 스키 타기에 능숙해요. (ski)

____

Think More

The Best Birds

★ 다음 최고의 상을 누가 타게 될까요? 알맞은 새 이름을 쓰세요.

The Best Dancer

The Best Hunter

The Best Runner

The Best Swimmer

Ostrich

Ostriches can't fly, but they can run very fast.

Peacock

Peacocks dance beautifully with their colorful feathers.

Penguin

Penguins dive deep in the water. They swim fast.

Eagle

Eagles catch animals from high in the sky.

• feather 깃털 dive 잠수하다

Plus 새들은 각자의 환경에서 살아남기 위해 특별한 능력을 키워왔어요. 넓은 초원에서 사는 타조는 날지 못하는 대신 빠르게 달릴 수 있는 다리를 발달시켰어요. 펭귄은 물고기를 잡기 위해 날개를 지느러미처럼 사용해 수영해요. 독수리는 높은 하늘에서 사냥을 하기 위해 매우 날카로운 시력을 가지게 되었어요.

Unit 7

The Penguins' Adventure

STEP 1 읽기 핵심 단어를 익혀서 스토리 듣고 읽기

STEP 2 이해 읽은 내용을 점검하여 스토리 이해하기

STEP 3 확장 필수 문형 학습으로 문장 이해력 키우기

Key Words

- 다음 단어들을 하나씩 손으로 짚으며 잘 들어 보세요. 31

zoo

penguin

outside

surprised

zookeeper

busy

chase

follow

chasing 뒤쫓기

온라인 단어 학습

온라인 학습으로 단어를 꼼꼼히 익혀요.

A 단어와 우리말 뜻을 알맞게 연결하세요.

1 surprised		밖에
2 outside		바쁜
3 busy		동물원 사육사
4 zookeeper		놀란

B 다음 우리말 뜻에 맞는 단어를 찾아 동그라미 하고 한 번 쓰세요.

p	j	g	e	n	f	h	d
z	o	o	r	v	o	k	o
m	f	l	y	g	l	c	x
t	d	e	o	z	l	s	a
h	k	w	p	g	o	f	m
y	b	s	j	t	w	l	q
i	r	o	c	h	a	s	e
p	e	n	g	u	i	n	v

1 동물원

z

2 펭귄

p

3 뒤쫓다

c

4 따라가다

f

The Penguins' Adventure

Yesterday, I went to the zoo with my family.

I was excited to see the penguins.

But three penguins were outside their home.

Everyone was surprised.

excited 신이 난

The penguins moved around the zoo.

One walked to the food stands.

Another ran past some visitors.

The zookeepers were busy chasing the penguins.

food stand 음식 가판대 | another 또 하나 | past 지나서 | visitor 방문객

The penguins got hungry.

The zookeepers brought some fish.

The penguins followed the fish and went back home.

Today, I saw their adventure on the news.

The zookeeper said, "The penguins had a great day.

They look so happy now."

I hope the penguins stay safe **now.**

Comprehension

A 보기에서 알맞은 단어를 골라 빈칸에 쓰세요.

hope	adventure	fish	penguin	outside

1 

The ________s moved around the zoo.

2 

The zookeepers brought some ________.

3 

I ________ the penguins stay safe now.

4 

But three penguins were ________ their home.

5 

Today, I saw their ________ on the news.

B 완전한 문장이 되도록 바르게 연결하세요.

1  Everyone was • • the fish.

2  I went to the zoo • • to see the penguins.

3  The penguins followed • • surprised.

4  I was excited • • with my family.

C 다음 문장이 옳으면 T(True), 틀리면 F(False)에 동그라미 하세요.

1 One penguin walked to the food stands. T F

2 Three penguins were surprised to see the people. T F

3 The zookeeper said, “The penguins had a sad day.” T F

D 이야기의 흐름을 떠올리며 각 그림에 맞는 문장을 찾아 기호를 쓰세요.

ⓐ The penguins followed the fish.
ⓑ Three penguins were outside their home.
ⓒ I hope the penguins stay safe now.
ⓓ The zookeepers were busy chasing the penguins.

Think & Say

펭귄들이 동물원 우리 밖으로 나온 이유는 무엇일까요? 추측해 보세요.

- ☐ They wanted to be free. (그들은 자유롭기를 원했어요.)
- ☐ They wanted to join a dance contest outside. (그들은 밖에서 댄스 대회에 참여하고 싶었어요.)
- ☐ They wanted to buy ice cream. (그들은 아이스크림을 사기를 원했어요.)

• join 함께 하다

Listen Again

● 스토리를 다시 들으며 빈칸에 알맞은 단어를 써 넣으세요. 34

Yesterday, I went to the ________ with my family. I was excited to see the penguins. But three penguins were ________ their home. Everyone was ________.

The ________s moved around the zoo. One walked to the food stands. Another ran past some visitors. The ________s were ________ chasing the penguins.

The penguins got ________. The zookeepers brought some fish. The penguins ________ed the fish and went back home.

Today, I saw their ________ on the news. The zookeeper said, "The penguins had a great day. They look so happy now." I hope the penguins ________ safe now.

penguin
hungry
adventure
follow
outside
zoo
stay
zookeeper
surprised
busy

Sentence Patterns

● 다음 필수 문형을 다양한 예문에 적용해 보세요. 35

1 I was excited to ______. 나는 ~하게 되어 신이 났어요.

❶ 나는 펭귄을 보게 되어 신이 났어요.

I was excited to see the penguins.

❷ 나는 내 선물을 열게 되어 신이 났어요.

I was excited to ______.

❸ 나는 내 친구를 만나게 되어 신이 났어요.

I was excited to ______.

2 They were busy ______-ing. 그들은 ~하느라 바빴어요.

❶ 그들은 펭귄을 쫓느라 바빴어요.

They were busy chasing the penguins.

❷ 그들은 교실을 청소하느라 바빴어요.

They were busy ______.

❸ 그들은 세차하느라 바빴어요.

They were busy ______.

Word Box

- clean the classroom 교실을 청소하다
- open my gift 내 선물을 열다
- feel better 기분이 좋아지다
- meet my friend 내 친구를 만나다
- have fun 즐거운 시간을 보내다
- wash the car 세차하다

3 I hope they ______ now. 나는 그들이 이제 ~하길 바라요.

① 나는 그들이 이제 안전하게 지내길 바라요.

I hope they stay safe now.

② 나는 그들이 이제 즐거운 시간을 보내길 바라요.

I hope they ______ now.

③ 나는 그들이 이제 기분이 좋아지길 바라요.

I hope they ______ now.

Try Writing

배운 필수 문형을 활용해 영작해 보세요.

1

나는 마술쇼를 보게 되어 신이 났어요. (watch a magic show)

2

그들은 설거지하느라 바빴어요. (wash the dishes)

3

나는 그들이 이제 따뜻하게 있길 바라요. (stay warm)

Think More

Where Do Animals Live?

★ 동물원의 동물들은 어디에서 살기를 원할까요? 알맞은 장소에 연결하세요.

1 I want to live in the jungle.

2 I want to live in a cold place.

3 I want to live in the grassland.

4 I want to eat a lot of bamboos.

• grassland 초원 bamboo 대나무

Plus 동물들은 서식지에 따라 몸의 생김새가 달라져요. 뜨겁고 건조한 사막에 사는 낙타는 등에 지방 혹이 있어 물을 안 마시고 오랫동안 살 수 있어요. 넓은 초원에 사는 얼룩말은 몸에 줄무늬가 있어서 여러 마리가 모여 있을 때 포식자가 한 마리를 정확히 구분하기 어렵게 만들어요.

Unit 8

Bugs for Snacks

STEP 1 읽기 핵심 단어를 익혀서 스토리 듣고 읽기

STEP 2 이해 읽은 내용을 점검하여 스토리 이해하기

STEP 3 확장 필수 문형 학습으로 문장 이해력 키우기

Key Words

- 다음 단어들을 하나씩 손으로 짚으며 잘 들어 보세요. 36

bug

cookie

trip

strange

land

fried

cricket

grasshopper

온라인 단어 학습

온라인 학습으로 단어를 꼼꼼히 익혀요.

A 단어와 우리말 뜻을 알맞게 연결하세요.

1	bug	벌레
2	cookie	쿠키
3	grasshopper	귀뚜라미
4	cricket	메뚜기

B 우리말 뜻에 맞는 단어가 되도록 빈칸에 알맞은 글자를 쓰세요.

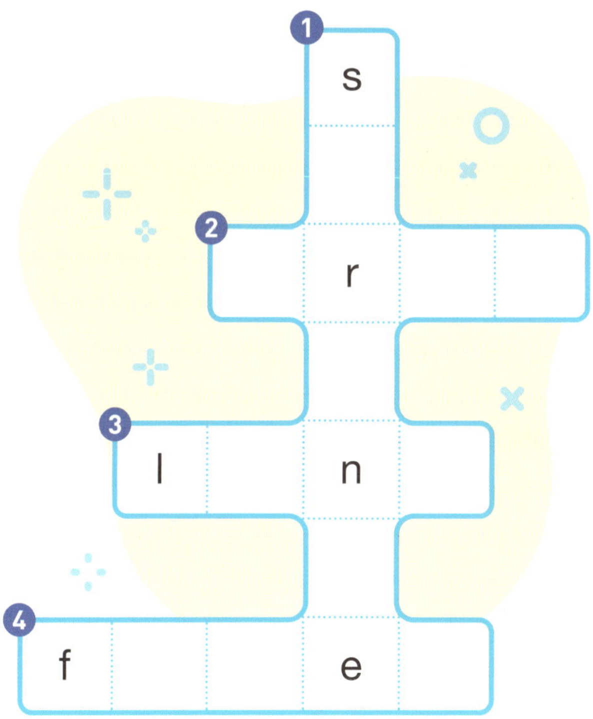

1 이상한

2 여행

3 땅

4 (기름에) 튀긴

Bugs for Snacks

Today is show-and-tell in Ben's class.

Ben opens a box and shows something.

"**Have you ever seen** a bug cookie?

I got it on my trip to Thailand," Ben says.

show-and-tell (수업시간에) 물건을 보여주며 발표하기 | Thailand 태국

The class looks surprised.

"This cookie has a bug on top, but it's delicious.

Would you like to try one?**"** Ben says.

"It may sound strange, but bugs can be food," the teacher says.

"Bugs are good for your health.

Also, they are easy to grow.

Cows and pigs need lots of water and land.

But **bugs don't need** much space."

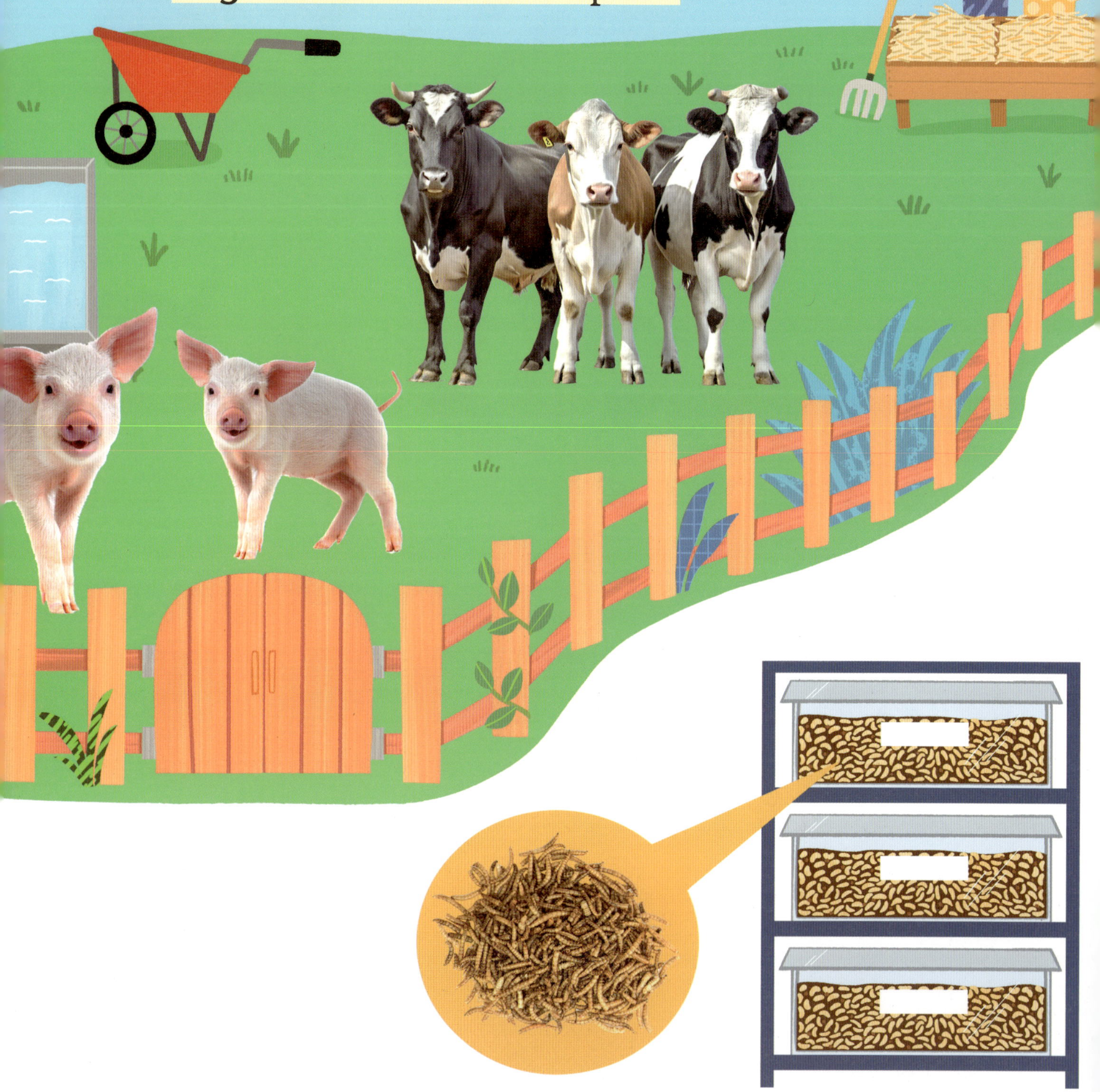

health 건강 | lots of 많은 | space 공간

"In Thailand, people eat fried crickets.

In Mexico, they eat toasted grasshoppers.

In the future, we may eat bugs more often!"

Mexico 멕시코 | toasted 구운 | may ~할지도 모른다 | more often 더 자주

Comprehension

A 보기에서 알맞은 단어를 골라 빈칸에 쓰세요.

cricket space cookie land future

1 

"Cows and pigs need lots of water and __________."

2 

"In Thailand, people eat fried __________s."

3 

"Have you ever seen a bug __________?"

4 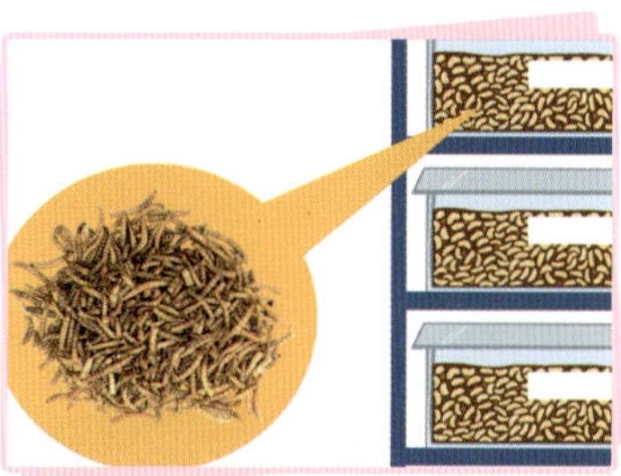

"But bugs don't need much __________."

5 

"In the __________, we may eat bugs more often!"

B 완전한 문장이 되도록 바르게 연결하세요.

1 Today is	and shows something.

2 He opens a box	show-and-tell in Ben's class.

3 Would you like	eat fried crickets.

4 In Thailand, people	to try one?

C 다음 문장이 옳으면 T(True), 틀리면 F(False)에 동그라미 하세요.

1 Ben shows a bug cookie in class. T F

2 Bugs are not easy to grow. T F

3 The teacher says bugs are bad for your health. T F

D 빈칸에 알맞은 단어를 써서 벌레를 먹는 이유를 완성하세요.

Cows & Pigs

· They need lots of ________ and land.

Bugs

· They are good for your ________.

· They are easy to ________.

· They don't need ________ space.

health	much	water	grow

Think & Say

벌레 간식을 먹어 보라고 한다면, 여러분은 뭐라고 말할 것 같나요?

☐ Yum! I want to try it! (맛있겠다! 나도 먹어보고 싶어요!)

☐ Hmm... maybe just a little bite. (음··· 조금만 먹어볼게요.)

☐ No, thank you. I'm not ready yet. (아니요, 괜찮아요. 아직 준비가 안 됐어요.)

☐ Eww! Never! (으웩! 절대 안 먹어요!)

• bite 한 입

Listen Again

● 스토리를 다시 들으며 빈칸에 알맞은 단어를 써 넣으세요. 39

Today is show-and-tell in Ben's ________.

Ben opens a box and shows something. "Have you ever seen a bug ________? I got it on my ________ to Thailand," Ben says.

The class looks surprised. "This cookie has a bug on top, but it's ________. Would you like to try one?" Ben says.

"It may sound ________, but ________s can be food," the teacher says.

"Bugs are good for your ________. Also, they are easy to grow. Cows and pigs need lots of water and ________. But bugs don't need much space."

"In Thailand, people eat fried ________s. In Mexico, they eat toasted grasshoppers. In the ________, we may eat bugs more often!"

bug
trip
land
class
delicious
strange
cookie
cricket
health
future

Sentence Patterns

● 다음 필수 문형을 다양한 예문에 적용해 보세요. 40

1 Have you ever seen ______? 너는 ~을 본 적이 있니?

❶ 너는 벌레 쿠키를 본 적이 있니?

Have you ever seen a bug cookie ?

❷ 너는 불가사리를 본 적이 있니?

Have you ever seen ______ ?

❸ 너는 우주선을 본 적이 있니?

Have you ever seen ______ ?

2 Would you like to try ______? 너는 ~을 먹어보고 싶니?

❶ 너는 하나 먹어보고 싶니?

Would you like to try one ?

❷ 너는 초콜릿 버거를 먹어보고 싶니?

Would you like to try ______ ?

❸ 너는 레몬 피자를 먹어보고 싶니?

Would you like to try ______ ?

Word Box

- lemon pizza 레몬 피자
- much food 많은 음식
- a chocolate burger 초콜릿 버거
- much money 많은 돈
- a spaceship 우주선
- a starfish 불가사리

3 They don't need ______ . 그들은 ~이 필요 없어요.

① 그들은 많은 공간이 필요 없어요.

They don't need much space .

② 그들은 많은 음식이 필요 없어요.

They don't need ______ .

③ 그들은 많은 돈이 필요 없어요.

They don't need ______ .

Try Writing

배운 필수 문형을 활용해 영작해 보세요.

1

너는 매운 사탕을 먹어보고 싶니? (some spicy candy)

______

2

그들은 많은 물이 필요 없어요. (much water)

______

3

너는 별똥별을 본 적이 있니? (a shooting star)

______

Think More

Bugs as Future Food

★ 요리 방법을 잘 읽고, 완성된 음식을 찾아 ✓ 표시하세요.

How to make it:

1. Toast a slice of bread.
2. Add cooked crickets, corn, and cheese.
3. Bake it in the oven for a few minutes.

☐ Fried worms

☐ Bug cookies

☐ Cricket noodles

☐ Cricket burger

☐ Cricket toast

Plus 앞으로 인구가 늘어나면 사람들이 먹을 밥, 채소, 고기 같은 음식이 충분하지 않을 수 있어요. 그래서 과학자들이 찾은 새로운 미래 식량 중 하나가 바로 곤충이에요. 곤충은 작지만 단백질과 영양이 풍부하고, 키우는 데 땅과 물도 적게 들어 환경에도 부담이 덜합니다. 또한 온실가스를 적게 배출해 지구 환경을 지키는 데 도움이 돼요.

Review Test 2

(Unit ⑤ – Unit ⑧)

/ 25개

A 그림에 알맞은 단어를 고르세요.

1 

ⓐ follow ⓑ wish ⓒ solve

2 

ⓐ dig ⓑ hate ⓒ race

3 

ⓐ chase ⓑ finish ⓒ smile

4 

ⓐ shiny ⓑ busy ⓒ strange

5 

ⓐ show off ⓑ whisper ⓒ follow

6 

ⓐ world ⓑ homework ⓒ cricket

B 그림을 보고 알맞은 문장을 고르세요.

1

ⓐ Lily loves writing.

ⓑ Lily really hates homework.

2

ⓐ Kiwis are good at digging with their bills.

ⓑ Kiwis wake up the world every morning.

3

ⓐ The zookeeper was busy chasing the penguins.

ⓑ The zookeeper brought some fish.

4

ⓐ This cookie has a bug on top.

ⓑ This is full of toasted grasshoppers.

★★

C 알맞은 단어를 골라 문장을 완성하세요.

1 Her teacher gives her three ⓐ thing ⓑ things to do.

2 I was ⓐ excited ⓑ exciting to see the penguins.

3 Ben opens a box and ⓐ show ⓑ shows something.

4 Ostriches use their long legs ⓐ to ⓑ by race.

D 짧은 글을 읽고 질문에 알맞은 대답을 고르세요.

1 다음 글에서 They가 가리키는 알맞은 사진을 고르세요.

They are good for your health.
Also, they are easy to grow.
They don't need much space.

ⓐ

ⓑ

2 다음 글을 읽고 펭귄이 받을 상을 고르세요.

Welcome to the Bird Olympics!
Penguins can't fly, but they swim very well. They use their wings to swim.

ⓐ the best swimmer
ⓑ the best digger

3 빈칸에 들어갈 알맞은 단어를 고르세요.

The magic pencil starts to write and draw! It finishes everything fast.
This pencil is __________!

ⓐ amazing
ⓑ boring

4 빈칸에 들어갈 알맞은 단어를 고르세요.

I was excited to see the penguins.
But three penguins were outside their home. Everyone was __________.

ⓐ hungry
ⓑ surprised

E 필수 패턴을 활용해 우리말에 알맞은 영어 문장을 완성하세요.

I was excited to _____.	They are good at _____.
They were busy _____.	Would you like to try _____?

1 그들은 교실을 청소하느라 바빴어요.

→ ____________________ cleaning the classroom.

2 그들은 달리기에 능숙해요.

→ ____________________ running.

3 나는 내 친구를 만나게 되어 신이 났어요.

→ ____________________ meet my friend.

4 너는 초콜릿 버거를 먹어보고 싶니?

→ ____________________ a chocolate burger?

F 우리말에 알맞은 영어 문장을 쓰세요.

1 그들은 많은 음식이 필요 없어요. (need, they, much food, don't)

→ ____.

2 네 카메라를 잊지 마! (don't, your, forget, camera)

→ ____!

3 너는 불가사리를 본 적이 있니? (you, a starfish, ever, seen, have)

→ ____?

C권이 끝났습니다.
Level 4로 넘어갈까요?

저자 C2 Archive (대표 Olene Kim)

지난 20여 년간 영어라는 언어를 어린이들이 어려움 없이 단계적으로 습득해갈 수 있도록 효과적인 교수법을 연구하여 다양한 교재로 구현해 온 영어교육 전문 집필진입니다. 파닉스, 리딩, 코스북, 문법 등 여러 분야의 ELT 교재와 영어 단행본 학습서를 집필·개발하였습니다.

저자 기적학습연구소

"혼자서 작은 산을 넘는 아이가 나중에 큰 산도 넘습니다." 본 연구소는 아이들이 혼자서 큰 산까지 넘을 수 있는 힘을 키워주고자 합니다. 아이들의 연령에 맞게 학습의 산을 작게 만들어 혼자서도 쉽게 넘을 수 있게 만듭니다. 때로는 작은 고난도 경험하게 하여 성취감도 맛보게 합니다. 그리고 아이들에게 실제로 적용해서 검증을 통해 차근차근 책을 만듭니다.

기적의 영어리딩 Level 3C

Miracle Series – Reading English

초판 발행 • 2025년 11월 15일

지은이 • C2 Archive, 기적학습연구소

발행인 • 이종원
발행처 • (주)길벗스쿨
출판사 등록일 • 2025년 5월 28일 | **주소** • 서울시 마포구 월드컵로 10길 56(서교동)
대표 전화 • 02)332-0931 | **팩스** • 02)310-4700
홈페이지 • www.gilbutschool.co.kr | **이메일** • gilbut@gilbut.co.kr

담당편집 • 김소이(soykim@gilbut.co.kr), 이경희, 김예지 | **기획** • 이경희, 김남희, 박민혜 | **표지디자인** • 이현숙 | **제작** • 손일순
영업마케팅 • 문세연, 박선경, 구혜지, 박다슬 | **웹마케팅** • 박달님, 이재윤, 이지수, 나혜연 | **영업관리** • 정경화 | **독자지원** • 윤정아

교정교열 • 최주연 | **전산편집** • 기본기획 | **본문디자인** • 신세진 | **삽화** • 강나래, 삼식이, 서정해, 엄수지, 윤지현, 조은, Bananabee | **영문 감수** • Ryan P. Lagace
인쇄 및 제본 • 영림 | **녹음** • 아람 멀티미디어

Photo Credits
해당 이미지는 Shutterstock.com의 라이선스 하에 사용되었습니다.
p.47 (Patrick Hatt) p.61 (fukez84) p.114 (Patrick Shutterstock)

ISBN 979-11-7467-059-5 64740 (길벗 도서번호 30638)
정가 17,000원

제 품 명 : 기적의 영어리딩 3C
제조사명 : (주)길벗스쿨
제조국명 : 대한민국
전화번호 : 02-332-0931
주 소 : 서울시 마포구 월드컵로 10길 56 (서교동)
제조년월 : 판권에 별도 표기
사용연령 : **8세 이상**
KC마크는 이 제품이 공통안전기준에 적합하였음을 의미합니다.

기적 영어 학습서

기본이 탄탄! 실전에서 척척!
유초등 필수 영어능력을 길러주는 코어 학습서

유아 영어

재미있는 액티비티가 가득한
4~6세를 위한 영어 워크북

4세 이상

5세 이상

6세 이상

6세 이상

파닉스 완성 프로그램

알파벳 음가 ➜ 사이트워드
➜ 읽기 연습까지!
리딩을 위한 탄탄한 기초 만들기

6세 이상 전 3권

1~3학년

1~3학년 전 3권

영어 단어

영어 실력의 가장 큰 바탕은 어휘력!
교과과정 필수 어휘 익히기

3학년 이상 전 2권

1~2학년 전 2권

3~4학년 전 2권

5~6학년 전 2권

영어 리딩

패턴 문장 리딩으로 시작해
정확한 해석을 위한 끊어 읽기까지!
탄탄한 독해 실력 쌓기

2~3학년 전 3권

3~4학년 전 3권

4~5학년 전 2권

5~6학년 전 2권

5~6학년 전 2권

영어 라이팅

저학년은 패턴 영작으로,
고학년은 5형식 문장 만들기 연습으로
튼튼한 영작 실력 완성

2학년 이상 전 4권

4학년 이상 전 5권

5학년 이상 전 2권

6학년 이상

영어일기

한 줄 쓰기부터 생활일기,
주제일기까지!
영어 글쓰기 실력을 키우는 시리즈

3학년 이상

4~5학년

5~6학년

영문법

중학 영어 대비, 영어 구사
정확성을 키워주는 영문법 학습

4~5학년 전 2권

5~6학년 전 3권

6학년 이상

초등 필수 영어 무작정 따라하기

초등 시기에 놓쳐서는 안 될 필수 학습은 바로 영어 교과서!
영어 교과서 5종의 핵심 내용을 쏙쏙 뽑아 한 권으로 압축 정리했습니다.
초등 과정의 필수학습으로 기초를 다져서 중학교 및 상위 학습의 단단한 토대가 되게 합니다.

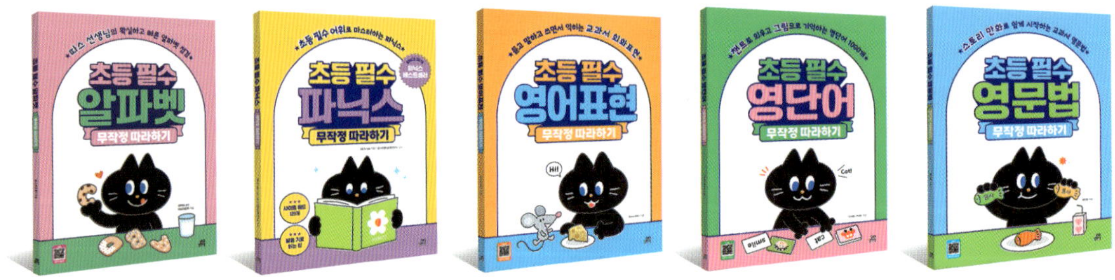

1~2학년 | 2~3학년 | 2~3학년 | 3학년 이상 | 4학년 이상

미국교과서 리딩

문제의 차이가 영어 실력의 차이! 논픽션 리딩에 강해지는 《미국교과서 READING》
논픽션 리딩에 가장 좋은 재료인 미국 교과과정의 주제를 담은 지문을 읽고, 독해력과
문제 해결력을 두루 향상시킬 수 있도록 구성한 단계별 리딩 프로그램

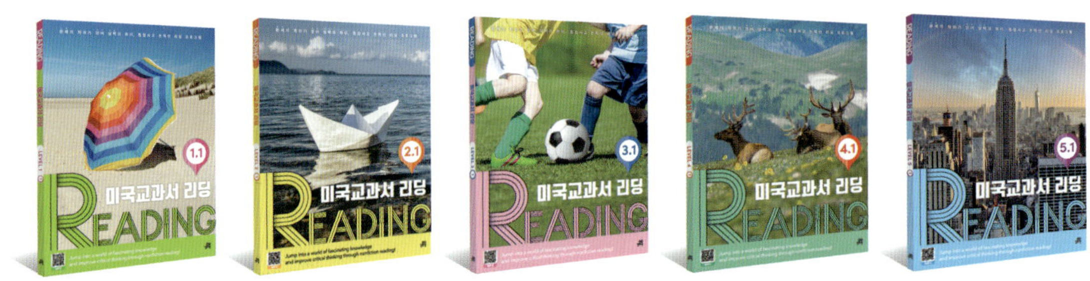

LEVEL 1 준비 단계
LEVEL 2 시작 단계
LEVEL 3 정독 연습 단계
LEVEL 4 독해 정확성 향상 단계
LEVEL 5 독해 통합심화 단계

3C

90~110 words
AR 1.3~2.3

기적의 영어리딩

with 문장 패턴

Practice Book

(정답과 해석 포함)

길벗스쿨

3C

기적의 영어리딩

Practice Book

Unit 1 From Trash to Treasure

READ AND WRITE 문장을 의미 단위로 나눠 읽은 뒤, 전체 문장을 따라 쓰세요.

1 팀과 릴리는 엄마가 청소하는 것을 도와요.

Tim and Lily 팀과 릴리는	help 돕는다	their mom 그들의 엄마를	clean up. 청소하는 것을

2 그것들은 버리기엔 너무 좋은데요!

They're 그것들은 ~이다	too good 너무 좋은	to throw away! 버리기에는

3 우리는 그것들로 멋진 뭔가를 만들 수 있어요!

We 우리는	can make 만들 수 있다	something cool 어떤 멋진 것을	with them! 그것들로

4 스노위를 위한 침대를 만들자!

Let's 우리 ~하자	make 만든다	a bed 침대를	for Snowy! 스노위를 위한

5 릴리는 한 상자 안에 푹신한 베개를 넣어요.

Lily 릴리는	puts 넣는다	a soft pillow 푹신한 베개를	in one box. 한 상자 안에

6 아빠를 위한 특별한 상자는 어때?

What about ~는 어때?	a special box 특별한 상자	for Dad? 아빠를 위한

7 그들은 상자에 아빠 얼굴을 그려요.

They 그들은	draw 그린다	their dad's face 그들의 아빠 얼굴을	on the box. 상자에

8 그들은 그의 물건들을 그 안에 넣어요.

They 그들은	put 넣는다	his things 그의 물건들을	inside it. 그 안에

9 보세요, 아빠! 우리는 상자를 재사용했어요!

Look, Dad! 보세요, 아빠!	We 우리는	reused 재사용했다	a box! 상자를

10 너희는 쓰레기를 보물로 바꿨구나!

You 너희는	turned 바꿨다	trash 쓰레기를	into treasure! 보물로

Unit 2 My Dad in Space

READ AND WRITE 문장을 의미 단위로 나눠 읽은 뒤, 전체 문장을 따라 쓰세요.

1 우리 아빠는 우주 비행사예요.

My dad	is	an astronaut.
나의 아빠는	~이다	우주 비행사

2 아빠는 특별한 치약으로 이를 닦아요.

Dad	brushes	his teeth	with a special toothpaste.
아빠는	닦는다	그의 이를	특별한 치약으로

3 그는 양치 후 그것을 삼켜요.

He	swallows	it	after brushing.
그는	삼킨다	그것을 (= 치약을)	양치한 후에

4 그는 젖은 천으로 몸을 닦아요.

He	cleans	his body	with a wet cloth.
그는	닦는다	그의 몸을	젖은 천으로

5 그는 포장된 음식만 먹을 수 있어요.

He	can	only eat	packaged meals.
그는	~할 수 있다	오직 ~만 먹는다	포장된 식사를

6 그렇지 않으면, 음식이 떠다닐 테니까요.

If not, 그렇지 않으면	the food 음식은	would float away. 떠밀려 갈 것이다

7 밤에 아빠는 침낭에서 잠을 자요.

At night, 밤에	Dad 아빠는	sleeps 잔다	in a sleeping bag. 침낭 안에서

8 창문을 통해 그는 지구를 볼 수 있어요.

Through the window, 창문을 통해	he 그는	can see 볼 수 있다	Earth. 지구를

9 그는 우주에서 보면 지구가 아주 아름답다고 말해요.

He says 그는 말한다	Earth 지구는	looks ~해 보인다	so beautiful 아주 아름다운	from space. 우주에서

10 가끔은 나도 아빠와 함께 거기 있을 수 있었으면 해요.

Sometimes, 가끔	I wish 나는 바란다	I could be 내가 있을 수 있기를	there 거기에	with him. 그와 함께

Unit 3 Flea Market Fun

READ AND WRITE 문장을 의미 단위로 나눠 읽은 뒤, 전체 문장을 따라 쓰세요.

1 제이크는 헬멧을 들어 올려요.

Jake	holds up	a helmet.
제이크는	들어 올린다	헬멧을

2 너를 안전하게 지켜줄 거야.

It	will keep	you	safe.
그것은	지켜줄 것이다	너를	안전하게

3 미아는 이든에게 커다란 빨간 목도리를 보여줘요.

Mia	shows	Ethan	a big red scarf.
미아는	보여준다	이든에게	커다란 빨간색 목도리를

4 그녀는 그에게 그것을 둘러줘요.

She	wraps	it	around him.
그녀는	두른다	그것을 (= 목도리를)	그의 주위에

5 레오는 커다란 별을 집어 들어요.

Leo	picks up	a giant star.
레오는	집어 든다	커다란 별을

6 네 트리를 빛나게 해 줄 거야.

It 그것은	will make 만들 것이다	your tree 너의 나무를	shine. 빛나게

7 이든은 헬멧을 써요.

Ethan 이든은	puts on 쓴다	the helmet. 그 헬멧을

8 그는 목도리를 망토처럼 묶어요.

He 그는	ties 묶는다	the scarf 그 목도리를	like a cape. 망토처럼

9 그다음에 별을 셔츠에 테이프로 붙여요.

Then 그다음에	he 그는	tapes 테이프로 붙인다	the star 별을	to his shirt. 그의 셔츠에

10 모두가 이든을 보며 킥킥 웃어요.

Everyone 모두가	looks at 바라본다	Ethan 이든을	and 그리고	giggles. 킥킥 웃는다

Unit 4 Our Science Day

READ AND WRITE 문장을 의미 단위로 나눠 읽은 뒤, 전체 문장을 따라 쓰세요.

1 오늘 우리는 과학 박물관을 방문해요.

Today,	we	visit	the science museum.
오늘	우리는	방문한다	과학 박물관을

2 우리는 1층에서 시작해요.

We	start	on the 1st floor.
우리는	시작한다	1층에서

3 거대한 화면이 행성들을 보여줘요.

A huge screen	shows	the planets.
거대한 화면이	보여준다	행성들을

4 토성의 고리가 보여!

I	see	Saturn's rings!
나는	본다	토성의 고리들을

5 다음으로 우리는 2층으로 올라가요.

Next,	we	go up	to the 2nd floor.
다음으로	우리는	올라간다	2층으로

6 우리는 거기서 재미있는 실험을 해요.

We 우리는	do 한다	a fun experiment 재미있는 실험을	there. 거기서

7 우리는 무엇이 자석에 붙는지 봐요.

We 우리는	see 본다	what sticks to magnets. 무엇이 자석에 붙는지

8 우리는 기념품 가게에 잠깐 들러요.

We 우리는	stop by 잠깐 들른다	the gift shop. 기념품 가게에

9 나는 로봇을 만드는 사람이 되고 싶어!

I 나는	want to be ~이 되고 싶다	a robot maker! 로봇을 만드는 사람

10 나는 언젠가 멋진 기계를 발명할 거야!

I 나는	will invent 발명할 것이다	a cool machine 멋진 기계를	someday! 언젠가

Unit 5 The Shiny Magic Pencil

READ AND WRITE 문장을 의미 단위로 나눠 읽은 뒤, 전체 문장을 따라 쓰세요.

1 릴리는 숙제를 정말 싫어해요.

Lily	really hates	homework.
릴리는	정말 싫어한다	숙제를

2 하지만 선생님은 할 일을 세 가지나 내주었어요.

But	her teacher	gives	her	three things to do.
하지만	그녀의 선생님은	준다	그녀에게	할 일 세 가지를

3 누가 내 대신 해 줬으면 좋겠어.

I wish	someone	could do	it	for me.
나는 바란다	누군가가	해줄 수 있다	그것을 (= 숙제를)	나를 위해

4 그때 가방 안에서 반짝이는 연필을 봐요.

Then	she	sees	a shiny pencil	in her bag.
그때	그녀는	본다	반짝이는 연필을	그녀의 가방 안에

5 릴리는 숙제를 책상 위에 놓아요.

Lily	puts	her homework	on the desk.
릴리는	놓는다	그녀의 숙제를	책상 위에

6 연필이 쓰고 그리기 시작해요!

The pencil 그 연필이	starts 시작한다	to write and draw! 쓰고 그리기를

7 그것은 모든 것을 빠르게 끝내요.

It 그것은	finishes 끝낸다	everything 모든 것을	fast. 빠르게

8 나는 멈추기 싫어.

I 나는	don't want 원하지 않는다	to stop. 멈추는 것을

9 그것은 계속해서 써요.

It 그것은	keeps 계속한다	writing. 쓰는 것을

10 도와줘! 내 연필이 멈추질 않아!

Help! 도와줘!	My pencil 내 연필이	won't stop! 멈추지 않는다

Unit 6 The Bird Olympics

READ AND WRITE 문장을 의미 단위로 나눠 읽은 뒤, 전체 문장을 따라 쓰세요.

1 새들이 놀라운 기술을 뽐내요.

Birds	show off	their amazing skills.
새들이	자랑한다	그들의 놀라운 기술을

2 펭귄은 날 수 없지만, 수영을 아주 잘해요.

Penguins	can't fly,	but	they	swim	very well.
펭귄은	날 수 없다	하지만	그들은	수영한다	아주 잘

3 그들은 날개를 사용해 수영해요.

They	use	their wings	to swim.
그들은	사용한다	그들의 날개를	수영하기 위해

4 타조는 날 수 없지만, 아주 빨리 달려요.

Ostriches	can't fly,	but	they	run	very fast.
타조는	날 수 없다	하지만	그들은	달린다	아주 빠르게

5 그들은 긴 다리를 사용해 경주해요.

They	use	their long legs	to race.
그들은	사용한다	그들의 긴 다리를	달리기 위해

6 타조는 엄청 빠르게 달려서 금메달을 따요!

The ostrich	runs	so fast	that	it wins	the gold medal!
타조는	달린다	아주 빠르게	그래서	그것은 딴다	금메달을

7 그들의 날개가 너무 작아서 날 수 없지요.

Their wings	are	too small	for them	to fly.
그들의 날개는	~이다	너무 작은	그들에게는	날기에

8 하지만 부리를 이용해 땅을 파는 데 능숙해요.

But	they	are good at	digging	with their bills.
하지만	그들은	~에 능숙하다	땅 파기	그들의 부리로

9 하지만 그들은 놀라운 일을 할 수 있어요.

But	they	can do	amazing things.
하지만	그들은	할 수 있다	놀라운 것들을

10 오, 그리고 닭들도 잊지 마요!

Oh,	and	don't	forget	chickens!
오	그리고	~하지 마세요	잊다	닭들을

Unit 7 The Penguins' Adventure

READ AND WRITE 문장을 의미 단위로 나눠 읽은 뒤, 전체 문장을 따라 쓰세요.

1 어제 나는 가족과 함께 동물원에 갔어요.

Yesterday,	I	went	to the zoo	with my family.
어제	나는	갔다	동물원에	가족과 함께

2 나는 펭귄을 보게 되어 신이 났어요.

I	was excited	to see	the penguins.
나는	신났다	보게 되어	펭귄들을

3 그런데 펭귄 세 마리가 우리 밖에 나와 있었어요.

But	three penguins	were	outside	their home.
그런데	펭귄 세 마리가	있었다	밖에	그들의 집

4 펭귄들은 동물원 여기저기를 돌아다녔어요.

The penguins	moved around	the zoo.
펭귄들은	돌아다녔다	동물원을

5 또 다른 한 마리는 방문객들을 뛰어 지나갔어요.

Another	ran past	some visitors.
또 다른 한 마리는	뛰어 지나갔다	몇몇 방문객들을

6 사육사들은 펭귄들을 뒤쫓느라 바빴어요.

The zookeepers	were busy	chasing	the penguins.
사육사들은	바빴다	뒤쫓느라	펭귄들을

7 사육사들은 물고기를 가져왔어요.

The zookeepers	brought	some fish.
사육사들은	가져왔다	물고기 몇 마리를

8 오늘 나는 뉴스에서 그들의 모험을 보았어요.

Today,	I	saw	their adventure	on the news.
오늘	나는	보았다	그들의 모험을	뉴스에서

9 펭귄들은 멋진 하루를 보냈어요.

The penguins	had	a great day.
펭귄들은	보냈다	멋진 하루를

10 이제 펭귄들이 안전하게 지내면 좋겠어요.

I hope	the penguins	stay safe	now.
나는 바란다	펭귄들이	안전하게 지내기를	이제

Unit 8 Bugs for Snacks

READ AND WRITE 문장을 의미 단위로 나눠 읽은 뒤, 전체 문장을 따라 쓰세요.

1 벤이 상자를 열고 무언가를 보여줘요.

Ben	opens	a box	and	shows	something.
벤이	연다	상자를	그리고	보여준다	무언가를

2 벌레 쿠키를 본 적 있어?

Have you ever seen	a bug cookie?
본 적 있니?	벌레 쿠키를

3 이건 내가 태국 여행에서 받았어.

I	got	it	on my trip	to Thailand.
나는	받았다	그것을 (= 쿠키를)	여행 중에	태국으로

4 하나 먹어 볼래?

Would you like	to try	one?
해볼래요?	먹어 보는 것을	하나를

5 이상하게 들릴지 몰라도, 벌레도 음식이 될 수 있답니다.

It	may sound	strange,	but	bugs	can be food.
그것은	들릴지도 모른다	이상하게	하지만	벌레들은	음식이 될 수 있다

6 벌레는 건강에 좋아요.

Bugs 벌레들은	are good 좋다	for your health. 너의 건강에

7 소와 돼지는 많은 물과 땅이 필요해요.

Cows and pigs 소와 돼지는	need 필요하다	lots of water and land. 많은 물과 땅이

8 하지만 벌레는 많은 공간이 필요 없어요.

But 하지만	bugs 벌레들은	don't need 필요하지 않다	much space. 많은 공간이

9 멕시코에서는 구운 메뚜기를 먹어요.

In Mexico, 멕시코에서는	they 그들이	eat 먹는다	toasted grasshoppers. 구운 메뚜기를

10 미래에는 우리가 더 자주 벌레를 먹게 될지도 몰라요!

In the future, 미래에는	we 우리는	may eat 먹을지도 모른다	bugs 벌레들을	more often! 더 자주

GOOD LUCK

3C

기적의
영어리딩

Answer Key

Unit 1

From Trash to Treasure

쓰레기에서 보물로

Key Words

throw away 버리다	**plastic** 플라스틱으로 된	**pillow** 베개	**cut** 자르다
paper 종이	**inside** ~의 안에	**trash** 쓰레기	**treasure** 보물

Sentence Patterns

• **They help their mom ______.**	그들은 엄마가 ~하는 것을 도와요.
• **What about ______ for ______?**	…을 위한 ~은 어때요?
• **You turned ______ into ______.**	너는 ~을 …으로 바꿨어.

Story Reading

p.14

팀과 릴리는 엄마가 청소하는 것을 도와요.
엄마는 오래된 플라스틱 상자들을 버리고 있어요.
"이건 버리기엔 너무 좋은데요!" 팀이 말해요.
"우리가 이걸로 멋진 뭔가를 만들 수 있어요!" 릴리가 말해요.

too 형용사/부사 to 동사원형: 너무 ~해서 …할 수 없다.
The box is too heavy to carry. 그 상자는 너무 무거워서 들 수 없다.

p.15

"스노위를 위한 침대를 만들자!" 릴리가 말해요.
릴리는 한 상자 안에 푹신한 베개를 넣어요.
그들은 상자에 눈과 물고기를 그려요.

스노위는 바로 그 안으로 뛰어들어가요.

p.16

이제 팀에게 좋은 생각이 떠올랐어요.
"아빠를 위한 특별한 상자는 어때?"
팀은 두꺼운 종이를 잘라서 네 칸을 만들어요.
그들은 상자에 아빠 얼굴을 그려요.

p.17

그들은 아빠의 물건들을 상자 안에 넣어요.
"완벽해!" 릴리가 말해요.

"보세요, 아빠! 우리가 상자를 재사용했어요! 더 이상 쓰레기가 아니에요." 팀이 말해요.
"너희가 쓰레기를 보물로 바꿨구나!" 아빠가 웃으며 말해요.

Answers

p.13

A 단어와 우리말 뜻을 알맞게 연결하세요.

1. throw away — 버리다
2. treasure — 보물
3. paper — 종이
4. trash — 쓰레기

B 다음 우리말 뜻에 맞는 단어를 찾아 동그라미 하고 한 번 쓰세요.

e	s	y	t	g	w	b	l
k	p	l	a	s	t	i	c
p	e	h	a	b	m	o	f
i	n	d	j	s	u	t	v
l	c	y	n	f	i	p	j
l	u	k	o	q	k	a	c
o	i	n	s	i	d	e	u
w	b	g	x	m	r	h	t

1. 플라스틱으로 된 — plastic
2. 베개 — pillow
3. 자르다 — cut
4. ~의 안에 — inside

p.18 Comprehension

A 보기에서 알맞은 단어를 골라 빈칸에 쓰세요.

treasure pillow special plastic inside

1. She is throwing away some old plastic boxes.
2. Lily puts a soft pillow in one box.
3. They put his things inside it.
4. "You turned trash into treasure!"
5. "What about a special box for Dad?"

p.19

B 완전한 문장이 되도록 바르게 연결하세요.

1. They help — their mom clean up.
2. We can make — something cool with them!
3. They draw — their dad's face on the box.
4. It's not — trash anymore.

C 다음 문장이 옳으면 T(True), 틀리면 F(False)에 동그라미 하세요.

1. This story is about reusing some bottles. — F
2. Tim and Lily make a special box for their dad. — T
3. They draw fish on their dad's box. — F

p.20

D 팀과 릴리가 만든 두 가지 물건에 대한 정보를 완성해 보세요.

A Bed for Snowy
Lily puts a soft pillow in the box.
Lily and Tim draw snow and fish on the box.

A Special Box for Their Dad
Tim cuts thick paper and makes four sections.
Lily and Tim draw their dad's face on the box.

thick snow face soft

Think & Say
재활용품 중 하나를 골라 무엇을 만들 수 있을지 말해 보세요.
a jam jar / a milk carton / a tuna can / an old towel
I can make (사 물건) with (재료).

나는 …로 ~을 만들 수 있어.

p.21 Listen Again

스토리를 다시 들으며 빈칸에 알맞은 단어를 써 넣으세요.

Tim and Lily help their mom clean up. She is throwing away some old plastic boxes. "They're too good to throw away!" Tim says. "We can make something cool with them!" Lily says.

"Let's make a bed for Snowy!" Lily says. Lily puts a soft pillow in one box. They draw snow and fish on one box. Snowy jumps in right away.

Now Tim has an idea. "What about a special box for Dad?" Tim cuts thick paper and makes four sections. They draw their dad's face on the box.

They put his things inside it. "It's perfect!" Lily says.
"Look, Dad! We reused a box! It's not trash anymore," Tim says. "You turned trash into treasure!" Dad says, smiling.

trash treasure cut plastic inside paper throw bed pillow special

p.22 Sentence Patterns

다음 필수 문형을 다양한 예문에 적용해 보세요.

1 They help their mom ___.
- 그들은 엄마가 청소하는 것을 도와요. They help their mom clean up.
- 그들은 엄마가 문을 여는 것을 도와요. They help their mom open the door.
- 그들은 엄마가 안경을 찾는 것을 도와요. They help their mom find her glasses.

2 What about ___ for ___?
- 아빠를 위한 특별한 상자는 어때요? What about a special box for Dad?
- 할아버지를 위한 담요는 어때요? What about a blanket for Grandpa?
- 네 친구를 위한 선물은 어때? What about a present for your friend?

p.23

3 You turned ___ into ___.
- 너는 쓰레기를 보물로 바꿨어. You turned trash into treasure.
- 너는 병을 램프로 바꿨어. You turned a bottle into a lamp.
- 너는 유리잔을 꽃병으로 바꿨어. You turned a glass into a vase.

Try Writing 배운 필수 문형을 활용해 영작해 보세요.

1. 너는 상자를 로봇으로 바꿨어. (a box, a rocket) You turned a box into a rocket.
2. 그들은 엄마가 카트를 미는 것을 도와요. (push the cart) They help their mom push the cart.
3. 할머니를 위한 편지는 어때요? (a letter, Grandma) What about a letter for Grandma?

p.24 Sort It Right!

soda can, notebook, fork, water bottle, jam jar, glass bottle, newspaper, bottle cap

GLASS / PAPER / PLASTIC / METAL

올바르게 분리수거해요!

- 음료수 캔
- 공책
- 포크
- 물병
- 잼병
- 유리병
- 신문
- 병뚜껑

Unit 2

My Dad in Space

우주에 있는 우리 아빠

Key Words

astronaut 우주 비행사	**space** 우주	**gravity** 중력	**float** (물 · 공중에) 뜨다
brush 칫솔질을 하다	**toothpaste** 치약	**swallow** (음식 등을) 삼키다	**meal** 식사

Sentence Patterns

• **He lives on ________.**	그는 ~에서 살아요.
• **There is no ________.**	~이 없어요.
• **I wish I could ________.**	나는 ~할 수 있다면 좋겠어요.

Story Reading

p.28

우리 아빠는 우주 비행사예요.
아빠는 우주 정거장에서 살아요.
중력이 없어서 모든 것이 둥둥 떠다녀요.

p.29

아빠는 특별한 치약으로 이를 닦아요.
양치 후 그 치약을 삼켜요.

우주에는 샤워기가 없어요.
아빠는 젖은 천으로 몸을 닦아요.

p.30

아빠는 우주에서 아침을 먹어요.
포장된 음식만 먹을 수 있어요.
그렇지 않으면, 음식이 떠다닐 테니까요.

밤에 아빠는 침낭에서 잠을 자요.
침낭은 벽에 묶여 있어요.

If not … : 그렇지 않으면

p.31

창문을 통해 아빠는 지구를 볼 수 있어요.
아빠는 우주에서 보면 지구가 매우 아름답다고 말해요.
가끔은 나도 아빠와 함께 거기 있을 수 있었으면 해요.
아빠가 많이 보고 싶어요.

Answers

p.27

A

1. astronaut — 우주 비행사
2. space — 우주
3. gravity — 중력
4. toothpaste — 치약

B

1. brush
2. wash
3. meal
4. float

p.32 Comprehension

A meal cloth gravity wall astronaut

1. There is no gravity, so everything floats.
2. The bag is tied to the wall.
3. He cleans his body with a wet cloth.
4. My dad is an astronaut.
5. He can only eat packaged meals.

p.33

B

1. Through the window, — he can see Earth.
2. He lives on — a space station.
3. If not, the food would — float away.
4. I wish I could — be there with him.

C

1. This story is about a dad living in space. — T
2. The dad brushes his teeth with water. — F
3. The dad can't take a shower in space. — T

p.34

D

Cause	Result
There is no gravity in space.	• Everything floats. • Dad can only eat packaged meals. • He sleeps in a sleeping bag. The bag is tied to the wall.
There are no showers in space.	• Dad cleans his body with a wet cloth. • He brushes his teeth with a special toothpaste. He swallows it after brushing.

packaged wet toothpaste floats tied

Think & Say

float in the air
meet aliens
look at Earth from space
walk on Mars

I want to ____ if I become an astronaut.

내가 우주 비행사가 된다면, 나는 ~하고 싶어.

p.35 Listen Again

My dad is an astronaut. He lives on a space station. There is no gravity, so everything floats.

Dad brushes his teeth with a special toothpaste. He swallows it after brushing. There are no showers in space. He cleans his body with a wet cloth.

Dad eats breakfast in space. He can only eat packaged meals. If not, the food would float away. At night, Dad sleeps in a sleeping bag. The bag is tied to the wall.

Through the window, he can see Earth. He says Earth looks so beautiful from space. Sometimes, I wish I could be there with him. I miss Dad a lot.

gravity swallow breakfast meal Earth astronaut beautiful float space toothpaste

p.36 Sentence Patterns

1 He lives on ____.

- He lives on a space station.
- He lives on a boat.
- He lives on a mountain.

2 There is no ____.

- There is no gravity.
- There is no food.
- There is no time.

p.37

3 I wish I could ____.

- I wish I could be there with him.
- I wish I could go to the moon.
- I wish I could talk to animals.

Try Writing

1. 돈이 없어요. (money) — There is no money.
2. 그는 농장에서 살아요. (a farm) — He lives on a farm.
3. 나는 돌고래와 수영할 수 있다면 좋겠어요. (swim with dolphins) — I wish I could swim with dolphins.

p.38 Think More

Space Life

1. I see many stars. — O
2. I sleep in a bed. — X
3. I float in the air. — O
4. I cook on a stove. — X
5. I fly a kite. — X
6. I eat packaged food for breakfast. — O

우주 생활

1. 나는 많은 별들을 봐요.
2. 나는 침대에서 자요.
3. 나는 공중에 떠 있어요.
4. 나는 레인지로 요리해요.
5. 나는 연을 날려요.
6. 나는 아침식사를 포장된 음식으로 먹어요.

Unit 3

Flea Market Fun

신나는 벼룩시장

Key Words

flea market 벼룩시장	**warm** 따뜻한	**soft** 부드러운	**wrap** 둘러싸다, 감싸다
giant 거대한	**tie** 묶다	**tape** 테이프로 붙이다	**shirt** 셔츠

Sentence Patterns

• **How much is ______?**	~은 얼마인가요?
• **It will make ______ ______.**	그것은 ~을 …하게 만들 거예요.
• **He puts on ______.**	그는 ~을 써요(입어요).

Story Reading

p.42

오늘은 학교에서 벼룩시장이 열리는 날이에요!
흥미로운 물건들이 많이 있어요.
제이크는 헬멧을 들어 올려요.
"이건 튼튼한 자전거 헬멧이야!
너를 안전하게 지켜줄 거야.
단 6달러!" 제이크가 말해요.

p.43

미아는 이든에게 커다란 빨간 목도리를 보여줘요.
"이건 따뜻하고 부드러워!" 미아가 말해요.
그녀는 이든에게 목도리를 둘러줘요.
"얼마야?" 이든이 물어요.
"단 4달러!" 미아가 말해요.

p.44

레오가 커다란 별을 집어 들어요.
"이건 크리스마스 장식 별이야!
네 트리를 빛나게 해 줄 거야." 레오가 말해요.
"그거 너무 멋지다! 나 이거 살게!" 이든이 말해요.

물건을 살 때 '이거 얼마예요?'라고 가격을 물을 때는 How much is it?이라 하고, '이거 살게요.'는 I'll take it.이라 해요.

p.45

이든은 헬멧을 써요.
그는 목도리를 망토처럼 묶어요.
그리고 별을 셔츠에 테이프로 붙여요.
"봐! 나는 슈퍼 이든이다!" 그가 외쳐요.
모두가 이든을 보며 킥킥 웃어요.

Answers

p.41

A

1. flea market — 벼룩시장
2. warm — 따뜻한
3. tie — 묶다
4. soft — 부드러운

B

n	c	u	x	y	f	q	h
p	u	s	k	m	g	e	t
s	h	i	r	t	i	p	n
z	d	j	b	l	a	c	r
r	o	y	c	v	n	h	w
g	u	k	m	f	t	l	o
a	w	r	a	p	d	u	b
e	r	i	t	a	p	e	j

1. wrap
2. giant
3. tape
4. shirt

p.46 Comprehension

A wrap / strong / star / flea market / everyone

1. It's flea market day at school!
2. Leo picks up a giant star.
3. "This is a strong bike helmet!"
4. She wrap s it around Ethan.
5. Everyone looks at Ethan and giggles.

p.47

B

1. There are lots of — interesting things.
2. It will make — your tree shine.
3. How much — is it?
4. He ties the scarf — like a cape.

C

1. They're having a toy market. — F
2. Mia sells a red scarf for four dollars. — T
3. Ethan tapes the star to the scarf. — F

p.48

D

- It's warm and soft! — (scarf)
- It will keep you safe. — (helmet)
- It will make your tree shine. — (star)

Think & Say

old toys / storybooks / handmade keychains / funny drawings

I want to sell my ______ at a flea market.

나는 벼룩시장에 내 ______을 팔고 싶어.

p.49 Listen Again

It's flea market day at school! There are lots of interesting things. Jake holds up a helmet. "This is a strong bike helmet! It will keep you safe. Only six dollars!" he says.

Mia shows Ethan a big red scarf. "It's warm and soft!" she says. She wrap s it around him. "How much is it?" Ethan asks. "Just four dollars!" Mia says.

Leo picks up a giant star. "It's a Christmas star! It will make your tree shine," he says. "That looks awesome! I'll take it!" Ethan says.

Ethan puts on the helmet. He tie s the scarf like a cape. Then he tape s the star to his shirt. "Look! I'm Super Ethan!" he shouts. Everyone looks at Ethan and giggles.

tape / shine / flea market / tie / giant / strong / wrap / soft / warm / shirt

p.50 Sentence Patterns

1 How much is ______ ?

- How much is it ?
- How much is the backpack ?
- How much is the ticket ?

2 It will make ______ ______ .

- It will make your tree shine .
- It will make the snow melt .
- It will make the fan stop .

p.51

3 He puts on ______ .

- He puts on the helmet .
- He puts on the hat .
- He puts on the coat .

Try Writing

1. 그 티셔츠는 얼마인가요? (the T-shirt) — How much is the T-shirt?
2. 그는 장갑을 껴요. (the gloves) — He puts on the gloves.
3. 그것은 풍선을 터지게 만들 거예요. (the balloon, pop) — It will make the balloon pop.

p.52 Think More

At the Flea Market

teddy bear $7 / scarf $8 / rain boots $10 / umbrella $6 / comic book $3 / basketball $9

1. The basketball is $9. — O
2. I have $5. I can buy the scarf. — X
3. I have $12. I can buy the teddy bear and the umbrella. — X
4. I want the comic book and the rain boots. I need $13. — O

벼룩시장에서

1. 농구공은 9달러예요.
2. 나는 5달러가 있어요. 목도리를 살 수 있어요.
3. 나는 12달러가 있어요. 곰 인형과 우산을 살 수 있어요.
4. 나는 만화책과 장화가 갖고 싶어요. 13달러가 필요해요.

Unit 4

Our Science Day

우리의 과학의 날

Key Words

science 과학	huge 거대한	planet 행성	shake 흔들다
magnet 자석	stick 붙다, 붙이다	invent 발명하다	machine 기계

Sentence Patterns

• We see ______-ing ______.	우리는 ~하고 있는 …을 봐요.
• They are like ______.	그들은 ~ 같아요.
• I want to be ______.	나는 ~이 되고 싶어요.

Story Reading

p.56

오늘 우리는 과학 박물관을 방문해요.
이곳엔 과학 아이디어가 정말 많아요!

우리는 1층에서 시작해요.
거대한 화면이 행성들을 보여줘요.
"토성의 고리가 보여!" 엠마가 말해요.

p.57

4층 선물 가게
3층 자석 방
2층 로봇 월드
1층 우주 극장

다음으로 우리는 2층으로 올라가요.
우리는 춤추는 로봇들을 봐요.

그들은 박수치고, 돌고, 흔들어요.
"재네들 케이팝 스타 같아!" 내가 말해요.

p.58

3층은 자석 방이에요.
우리는 거기서 재미있는 실험을 해요.

우리는 무엇이 자석에 붙는지 알아봐요.
"자석이 숟가락을 집어올리네!" 맥스가 말해요.

p.59

우리는 기념품 가게에 잠깐 들러요.
장난감 로봇 몇 개를 사요.
"나는 로봇을 만드는 사람이 되고 싶어!" 맥스가 말해요.
"난 언젠가 멋진 기계를 발명할 거야!" 엠마가 말해요.
우리의 과학 꿈은 오늘 시작돼요.

Answers

p.55

A

1. planet — 행성
2. magnet — 자석
3. science — 과학
4. stick — 붙다, 붙이다

B

1. 기계 — machine
2. 흔들다 — shake
3. 거대한 — huge
4. 발명하다 — invent

p.60 Comprehension

A huge shake invent stick magnet

1. On the 3rd floor is the magnet room.
2. "I will invent a cool machine someday!" Emma says.
3. They clap, turn, and shake.
4. A huge screen shows the planets.
5. We see what stick s to magnets.

p.61

B

1. We visit — the science museum.
2. They're like — K-pop stars!
3. I want to be — a robot maker!
4. We do — a fun experiment there.

C

1. On the 2nd floor, they see dancing robots. (T)
2. The magnet picks up a spoon. (T)
3. They buy toy cars at the gift shop. (F)

p.62

D

1st floor – Space Theater
- You can see the planets on a huge screen.
- You can see Saturn's ring s.

2nd floor – Robot World
- You can see dancing robots.
- The robots are clapping, turning, and shaking.

3rd floor – Magnet Room
- You can do a fun experiment.
- You can see what sticks to magnets.

magnet ring dancing planet experiment

Think & Say

- Dinosaur Hall
- Robot Zone
- Space Gallery
- Life Science Zone

I want to visit the ______ first at the science museum.

나는 과학 박물관에서 제일 먼저 ______을 방문하고 싶어.

p.63 Listen Again

Today, we visit the science museum. This place has many science ideas!

We start on the 1st floor. A huge screen shows the planets. "I see Saturn's rings!" Emma says.

Next, we go up to the 2nd floor. We see dancing robots. They clap, turn, and shake. "They're like K-pop stars!" I say.

On the 3rd floor is the magnet room. We do a fun experiment there. We see what stick s to magnets. "It picks up the spoon!" Max says.

We stop by the gift shop. We buy some toy robots. "I want to be a robot maker!" Max says. "I will invent a cool machine someday!" Emma says. Our science dreams begin today.

magnet huge invent science spoon planet clap stick machine shake

p.64 Sentence Patterns

1 We see ______ -ing

- We see dancing robots.
- We see shining stars.
- We see moving shadows.

2 They are like ______

- They are like K-pop stars.
- They are like movie stars.
- They are like superheroes.

p.65

3 I want to be ______

- I want to be a robot maker.
- I want to be a drone pilot.
- I want to be a toy designer.

Try Writing

1. 나는 버스 운전사가 되고 싶어요. (a bus driver) — I want to be a bus driver.
2. 그들은 게임 캐릭터 같아요. (game characters) — They are like game characters.
3. 우리는 솟아오르고 있는 공기방울을 봐요. (rise, bubbles) — We see rising bubbles.

p.66 Think More

Science Museum Floor Guide

Science Museum
- 4th Gift Shop
- 3rd Magnet Room
- 2nd Robot World
- 1st Space Theater

- I want to see dancing robots. — Go to the 2nd floor.
- I want to see a space show. — Go to the 1st floor.
- I want to try an experiment with magnets. — Go to the 3rd floor.
- I want to buy a toy robot. — Go to the 4th floor.

과학 박물관 층별 안내

나는 춤추는 로봇을 보고 싶어요. – 2층으로 가세요.

나는 우주 쇼를 보고 싶어요. – 1층으로 가세요.

나는 자석 실험을 해 보고 싶어요. – 3층으로 가세요.

나는 장난감 로봇을 사고 싶어요. – 4층으로 가세요.

Unit 5

The Shiny Magic Pencil

반짝이는 마법 연필

Key Words

hate 매우 싫어하다	**homework** 숙제	**solve** 풀다, 해결하다	**wish** 바라다
shiny 빛나는	**whisper** 속삭이다	**finish** 끝내다	**keep -ing** ~을 계속하다

Sentence Patterns

• I can ______.	나는 ~할 수 있어요.
• She puts ______ on ______.	그녀는 ~을 … 위에 놓아요.
• It keeps ______ -ing .	그것은 계속 ~해요.

Story Reading

p.74

릴리는 숙제를 정말 싫어해요.
하지만 선생님은 할 일을 세 가지나 내주었어요.

오늘의 숙제
- 반려동물에 대해 쓰기
- 수학 문제 10개 풀기
- 이야기책에서 한 장면 그리기

p.75

"누가 내 대신 해 줬으면 좋겠어." 릴리가 말해요.
그때 가방 안에서 반짝이는 연필을 봐요.

그 연필이 속삭여요. "내가 네 숙제를 할 수 있어."
릴리의 눈이 커져요. "무슨 일이 벌어지는 거지?"

p.76

릴리는 숙제를 책상 위에 놓아요.
연필이 글을 쓰고 그림을 그리기 시작해요!

연필은 모든 것을 빠르게 끝내요.
릴리는 미소 지어요. "와! 이 연필 굉장한 걸!"

p.77

갑자기 연필이 소리쳐요.
"나는 쓰는 게 정말 좋아. 멈추기 싫어."
연필은 계속해서 써요.

종이들이 방 안을 날아다녀요.
책상 위, 의자 위, 심지어 릴리의 머리 위에도요!
"도와줘! 내 연필이 멈추질 않아!" 릴리가 외쳐요.

Answers

p.73

A 단어와 우리말 뜻을 알맞게 연결하세요.

1. hate — 속삭이다
2. whisper — ~을 계속하다
3. keep -ing — 숙제
4. homework — 매우 싫어하다

B 다음 우리말 뜻에 맞는 단어를 찾아 동그라미 하고 한 번 쓰세요.

y	d	r	w	m	q	a	u
j	n	i	p	o	h	s	d
w	g	c	y	e	b	o	f
i	s	h	i	n	y	l	s
s	z	q	o	f	a	v	j
h	l	k	m	r	g	e	v
o	b	u	h	x	n	p	l
t	f	i	n	i	s	h	c

1. 빛나는 shiny
2. 풀다, 해결하다 solve
3. 끝내다 finish
4. 바라다 wish

p.78 Comprehension

A 보기에서 알맞은 단어를 골라 빈칸에 쓰세요.

whisper stop wish keep write

1. The pencil starts to write and draw!
2. "I wish someone could do it for me," Lily says.
3. "I love writing. I don't want to stop." It keeps writing.
4. The pencil whispers, "I can do your homework."
5. "Help! My pencil won't stop!" Lily cries.

p.79

B 완전한 문장이 되도록 바르게 연결하세요.

1. She really — hates homework.
2. Her eyes — get big.
3. She puts her homework — on the desk.
4. Papers fly — around the room.

C 다음 문장이 옳으면 T(True), 틀리면 F(False)에 동그라미 하세요.

1. Lily likes doing her homework. F
2. The teacher gives Lily only one thing to do. F
3. The pencil finishes Lily's homework slowly. F

p.80

D 문장을 읽고, 일이 일어난 순서에 맞게 번호를 쓰세요.

5 Papers fly around the room.
4 The pencil starts to write and draw!
1 Lily really hates homework.
3 The pencil whispers, "I can do your homework."
2 Then, she sees a shiny pencil in her bag.

Think & Say

I want my pencil to

나는 내 연필이 ______ 하기를 원해.

p.81 Listen Again

스토리를 다시 들으며 빈칸에 알맞은 단어를 써 넣으세요.

Lily really hates homework. But her teacher gives her three things to do.
• Write about your pet • Solve ten math problems
• Draw a scene from your storybook

"I wish someone could do it for me," Lily says. Then, she sees a shiny pencil in her bag. The pencil whispers, "I can do your homework." Lily's eyes get big. "What is happening?"

Lily puts her homework on the desk. The pencil starts to write and draw! It finishes everything fast. Lily smiles. "Wow! This pencil is amazing!"

Suddenly, the pencil shouts. "I love writing. I don't want to stop." It keeps writing. Papers fly around the room — on the desk, on the chair, even on her head! "Help! My pencil won't stop!" Lily cries.

finish solve keep hate shout shiny wish pencil homework whisper

p.82 Sentence Patterns

다음 필수 문형을 다양한 예문에 적용해 보세요.

1 I can ______ 나는 ~할 수 있어요.

I can do your homework.
I can carry the bag.
I can cross the bridge.

2 She puts ______ on ______ 그녀는 ~을 ~ 위에 놓아요.

She puts her homework on the desk.
She puts the eraser on the table.
She puts the salt on the shelf.

p.83

3 It keeps ______-ing 그것은 계속 ~해요.

It keeps writing.
It keeps moving.
It keeps shaking.

Try Writing 배운 필수 문형을 활용해 영작해 보세요.

1. 나는 그 공을 잡을 수 있어요. (catch the ball) I can catch the ball.
2. 그것은 계속 떨어져요. (fall) It keeps falling.
3. 그녀는 동전들을 탁자 위에 놓아요. (some coins, the table) She puts some coins on the table.

p.84 Think More

After-School Activities

✓ read a book ✓ ride my bike draw pictures
✓ help Mom cook ✓ feed my pet clean my room
watch TV have a snack ✓ practice the piano

방과 후 활동

• 책을 읽어요
• 자전거를 타요
• 그림을 그려요
• 엄마가 요리하는 것을 도와요
• 반려동물에게 밥을 줘요
• 내 방을 청소해요
• TV를 봐요
• 간식을 먹어요
• 피아노를 연습해요

Unit 6

The Bird Olympics

새들의 올림픽

Key Words

show off ~을 자랑하다	wing 날개	ostrich 타조	race 경주하다
kiwi 키위새	dig (구멍 등을) 파다	bill (새의) 부리	world 세계

Sentence Patterns

- They use ______ to ______. 그들은 ~을 사용해서 …해요.
- They are good at ______-ing. 그들은 ~을 하는 데 능숙해요.
- Don't forget ______! ~을 잊지 말아요!

Story Reading

p.88

새들의 올림픽에 오신 것을 환영합니다!
새들이 놀라운 기술을 뽐냅니다.

펭귄은 날 수 없지만, 수영을 아주 잘해요.
그들은 날개를 사용해 수영합니다.
"나는 최고의 수영 선수야!"

p.89

타조는 날 수 없지만, 아주 빨리 달려요.
그들은 긴 다리를 사용해 경주합니다.

타조는 엄청 빠르게 달려서 금메달을 따요!

p.90

키위새는 새지만 날 수 없어요.
그들의 날개가 너무 작아서 날 수 없지요.
하지만 부리를 이용해 땅을 파는 데 능숙하답니다.
"나는 최고의 땅 파기 선수야!"

p.91

이 새들은 날지 못해요.
하지만 그들은 놀라운 일을 할 수 있죠.
그들은 모두 새들의 올림픽에서 빛나요!

오, 그리고 닭도 잊지 마세요!
닭은 날 수는 없지만, 매일 아침 세상을 깨워요.

Answers

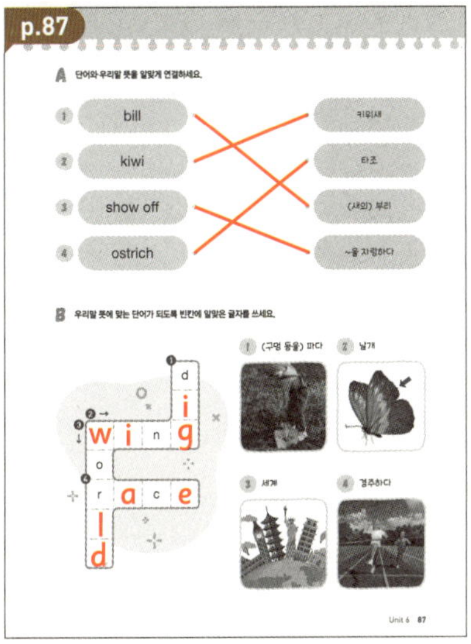
p.87

A 단어와 우리말 뜻을 알맞게 연결하세요.

1 bill
2 kiwi
3 show off
4 ostrich

B 우리말 뜻에 맞는 단어가 되도록 빈칸에 알맞은 글자를 쓰세요.

1 (구멍 등을) 파다 2 날개 3 세계 4 경주하다

dig / wing / race / world

p.92 Comprehension

A 보기에서 알맞은 단어를 골라 빈칸에 쓰세요.

swim bird world ostrich bill

1 Penguins can't fly, but they swim very well.
2 Kiwis are good at digging with their bills.
3 Ostriches can't fly, but they run very fast.
4 They all shine in the Bird Olympics!
5 They can't fly, but they wake up the world every morning.

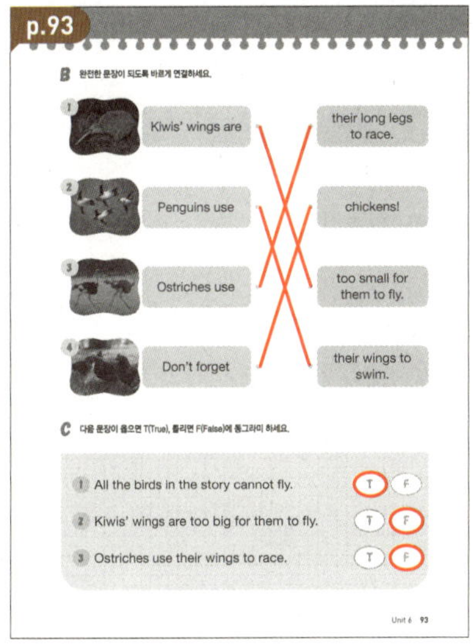
p.93

B 완전한 문장이 되도록 바르게 연결하세요.

1 Kiwis' wings are — too small for them to fly.
2 Penguins use — their wings to swim.
3 Ostriches use — their long legs to race.
4 Don't forget — chickens!

C 다음 문장이 옳으면 T(True), 틀리면 F(False)에 동그라미 하세요.

1 All the birds in the story cannot fly. (T)
2 Kiwis' wings are too big for them to fly. (F)
3 Ostriches use their wings to race. (F)

p.94

D 날지 못하는 새들이 가진 특별한 능력을 떠올리며 아래 표를 완성해 보세요.

Penguins ...	Ostriches ...	Kiwis ...
swim very well. use their wings to swim.	run very fast. use their long legs to race.	are good at digging. use their bills to dig.

wings bills run swim

Think & Say

I wake up early. – The Early Bird
I help my friends. – The Best Helper
I always smile. – The Smiling Star
I clean my room. – The Best Cleaner

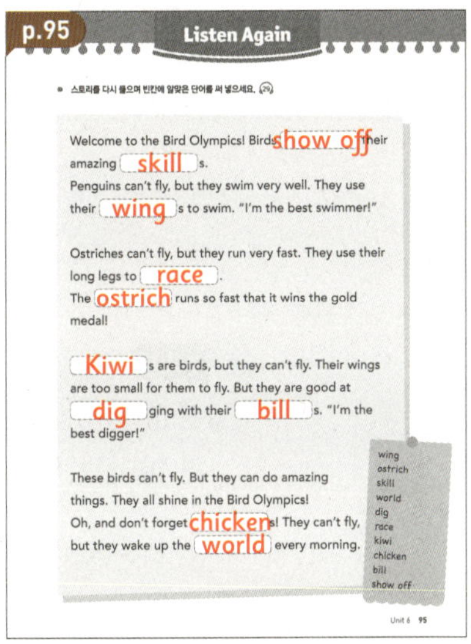
p.95 Listen Again

Welcome to the Bird Olympics! Birds show off their amazing skills. Penguins can't fly, but they swim very well. They use their wings to swim. "I'm the best swimmer!"

Ostriches can't fly, but they run very fast. They use their long legs to race. The ostrich runs so fast that it wins the gold medal!

Kiwis are birds, but they can't fly. Their wings are too small for them to fly. But they are good at digging with their bills. "I'm the best digger!"

These birds can't fly. But they can do amazing things. They all shine in the Bird Olympics! Oh, and don't forget chickens! They can't fly, but they wake up the world every morning.

wing ostrich skill world dig race kiwi chicken bill show off

p.96 Sentence Patterns

1 They use ___ to ___.

They use their wings to swim.
They use scissors to cut paper.
They use spoons to eat soup.

2 They are good at ___-ing.

They are good at digging.
They are good at swimming.
They are good at running.

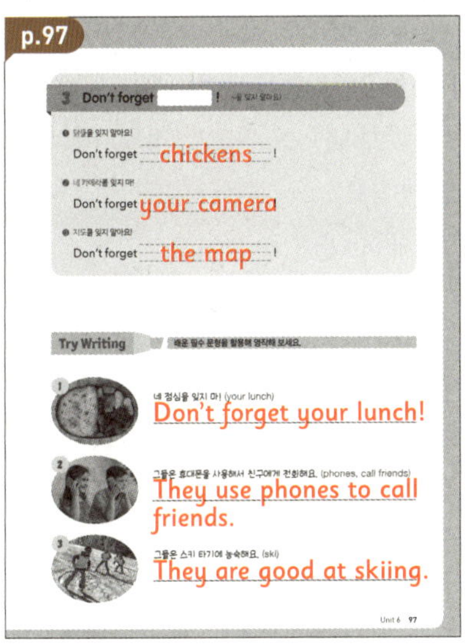
p.97

3 Don't forget ___!

Don't forget chickens!
Don't forget your camera.
Don't forget the map!

Try Writing

1 Don't forget your lunch!
2 They use phones to call friends.
3 They are good at skiing.

p.98 Think More

The Best Birds

The Best Dancer: Peacock
The Best Hunter: Eagle
The Best Runner: Ostrich
The Best Swimmer: Penguin

Ostrich — Ostriches can't fly, but they can run very fast.
Peacock — Peacocks dance beautifully with their colorful feathers.
Penguin — Penguins dive deep in the water. They swim fast.
Eagle — Eagles catch animals from high in the sky.

최고의 새들

타조
– 타조는 날 수 없지만, 매우 빨리 달릴 수 있어요.

공작
– 공작은 알록달록한 깃털로 아름답게 춤을 춰요.

펭귄
– 펭귄은 물속 깊이 잠수해요. 그들은 빨리 헤엄쳐요.

독수리
– 독수리는 하늘 높이에서 동물들을 잡아요.

Unit 7

The Penguins' Adventure

펭귄들의 모험

Key Words

zoo 동물원	penguin 펭귄	outside 밖에	surprised 놀란
zookeeper 동물원 사육사	busy 바쁜	chase 뒤쫓다	follow 따라가다

Sentence Patterns

• I was excited to ________ .	나는 ~하게 되어 신이 났어요.
• They were busy ________ -ing .	그들은 ~하느라 바빴어요.
• I hope they ________ now.	나는 그들이 이제 ~하길 바라요.

Story Reading

p.102

어제 나는 가족과 함께 동물원에 갔어요.
나는 펭귄을 보게 되어 신이 났어요.
그런데 펭귄 세 마리가 우리 밖에 나와 있었어요.
모두가 깜짝 놀랐어요.

p.103

펭귄들은 동물원 여기저기를 돌아다녔어요.
한 마리는 음식 파는 곳으로 걸어갔어요.

또 다른 한 마리는 방문객들을 뛰어 지나갔어요.
사육사들은 펭귄들을 쫓느라 바빴어요.

p.104

펭귄들은 배가 고파졌어요.
사육사들은 물고기를 가져왔어요.
펭귄들은 물고기를 따라가 집으로 돌아갔어요.

p.105

오늘 나는 뉴스에서 그들의 모험을 보았어요.
"펭귄들은 멋진 하루를 보냈어요. 지금 정말 행복해 보여요." 사육사가 말했어요.
이제 펭귄들이 안전하게 지내면 좋겠어요.

Answers

p.101

A 단어와 우리말 뜻을 알맞게 연결하세요.

1. surprised — 놀란
2. outside — 밖에
3. busy — 바쁜
4. zookeeper — 동물원 사육사

B 다음 우리말 뜻에 맞는 단어를 찾아 동그라미 하고 한 번 쓰세요.

p	j	g	e	n	f	h	d
z	o	o	r	v	o	k	o
m	f	l	y	g	l	c	x
t	d	e	o	z	l	s	a
h	k	w	p	g	o	f	m
y	b	s	j	t	w	l	q
i	r	o	c	h	a	s	e
p	e	n	g	u	i	n	v

1. 동물원 zoo
2. 펭귄 penguin
3. 뒤쫓다 chase
4. 따라가다 follow

Unit 7 101

p.106 3 확장 Comprehension

A 보기에서 알맞은 단어를 골라 빈칸에 쓰세요.

hope adventure fish penguin outside

1. The penguins moved around the zoo.
2. The zookeepers brought some fish.
3. I hope the penguins stay safe now.
4. But three penguins were outside their home.
5. Today, I saw their adventure on the news.

NEWS The Penguins' Adventure

106

p.107

B 완전한 문장이 되도록 바르게 연결하세요.

1. Everyone was — surprised.
2. I went to the zoo — with my family.
3. The penguins followed — the fish.
4. I was excited — to see the penguins.

C 다음 문장이 옳으면 T(True), 틀리면 F(False)에 동그라미 하세요.

1. One penguin walked to the food stands. **T**
2. Three penguins were surprised to see the people. **F**
3. The zookeeper said, "The penguins had a sad day." **F**

Unit 7 107

p.108

D 이야기의 흐름을 떠올리며 각 그림에 맞는 문장을 찾아 기호를 쓰세요.

ⓑ → ⓓ → ⓐ → ⓒ

ⓐ The penguins followed the fish.
ⓑ Three penguins were outside their home.
ⓒ I hope the penguins stay safe now.
ⓓ The zookeepers were busy chasing the penguins.

Think & Say

펭귄들이 동물원 우리 밖으로 나온 이유는 무엇일까요? 추측해 보세요.

- [x] They wanted to be free. (그들은 자유롭기를 원했어요.)
- [ ] They wanted to join a dance contest outside. (그들은 밖에서 댄스 대회에 참여하고 싶었어요.)
- [ ] They wanted to buy ice cream. (그들은 아이스크림을 사기를 원했어요.)

•join 참여하다

108

p.109 Listen Again

● 스토리를 다시 들으며 빈칸에 알맞은 단어를 써 넣으세요. (34)

Yesterday, I went to the zoo with my family. I was excited to see the penguins. But three penguins were outside their home. Everyone was surprised.

The penguins moved around the zoo. One walked to the food stands. Another ran past some visitors. The zookeepers were busy chasing the penguins.

The penguins got hungry. The zookeepers brought some fish. The penguins followed the fish and went back home.

Today, I saw their adventure on the news. The zookeeper said, "The penguins had a great day. They look so happy now." I hope the penguins stay safe now.

penguin / hungry / adventure / follow / outside / zoo / stay / zookeeper / surprised / busy

Unit 7 109

p.110 3 확장 Sentence Patterns

● 다음 필수 문형을 다양한 예문에 적용해 보세요. (35)

1 I was excited to ____. 나는 ~하게 되어 신이 났어요.

- 나는 펭귄을 보게 되어 신이 났어요. I was excited to see the penguins.
- 나는 내 선물을 열게 되어 신이 났어요. I was excited to open my gift.
- 나는 내 친구를 만나게 되어 신이 났어요. I was excited to meet my friend.

2 They were busy ____-ing. 그들은 ~하느라 바빴어요.

- 그들은 펭귄을 쫓느라 바빴어요. They were busy chasing the penguins.
- 그들은 교실을 청소하느라 바빴어요. They were busy cleaning the classroom.
- 그들은 세차하느라 바빴어요. They were busy washing the car.

Word Box: •clean the classroom 교실을 청소하다 •open my gift 내 선물을 열다 •feel better 기분이 좋아지다 •meet my friend 내 친구를 만나다 •have fun 즐거운 시간을 보내다 •wash the car 세차하다

110

p.111

3 I hope they ____ now. 나는 그들이 이제 ~하길 바라요.

- 나는 그들이 이제 안전하게 지내길 바라요. I hope they stay safe now.
- 나는 그들이 이제 즐거운 시간을 보내길 바라요. I hope they have fun now.
- 나는 그들이 이제 기분이 좋아지길 바라요. I hope they feel better now.

Try Writing 배운 필수 문형을 활용해 영작해 보세요.

1. 나는 마술쇼를 보게 되어 신이 났어요. (watch a magic show) I was excited to watch a magic show.
2. 그들은 설거지하느라 바빴어요. (wash the dishes) They were busy washing the dishes.
3. 나는 그들이 이제 따뜻하게 있길 바라요. (stay warm) I hope they stay warm now.

Unit 7 111

p.112 Think More

Where Do Animals Live?

1. I want to live in the jungle.
2. I want to live in a cold place.
3. I want to live in the grassland.
4. I want to eat a lot of bamboos.

•grassland 초원 bamboo 대나무

112

동물들은 어디에 살까요?

1. 나는 정글에서 살고 싶어요.
2. 나는 추운 곳에서 살고 싶어요.
3. 나는 초원에서 살고 싶어요.
4. 나는 많은 대나무를 먹고 싶어요.

Unit 8

Bugs for Snacks

벌레 간식

Key Words

bug 벌레	cookie 쿠키	trip 여행	strange 이상한
land 땅	fried (기름에) 튀긴	cricket 귀뚜라미	grasshopper 메뚜기

Sentence Patterns

- Have you ever seen ______? 너는 ~을 본 적이 있니?
- Would you like to try ______? 너는 ~을 먹어보고 싶니?
- They don't need ______. 그들은 ~이 필요 없어요.

Story Reading

p.116

오늘은 벤의 반에서 물건을 보여주며 발표를 하는 날이에요.
벤이 상자를 열고 무언가를 보여줘요.
"벌레 쿠키를 본 적 있어?
이건 내가 태국 여행에서 받았어." 벤이 말해요.

p.117

반 친구들은 깜짝 놀라 보여요.
"이 쿠키 위에는 벌레가 있지만 맛있어.
하나 먹어볼래?" 벤이 말해요.

"이상하게 들릴 수 있지만, 벌레도 음식이 될 수 있답니다." 선생님이 말해요.

p.118

"벌레는 건강에 좋아요.
그리고 키우기도 쉬워요.
소나 돼지는 많은 물과 땅이 필요하지요.
하지만 벌레는 많은 공간이 필요 없어요."

p.119

"태국에서는 튀긴 귀뚜라미를 먹어요.

멕시코에서는 구운 메뚜기를 먹어요.

미래에는 우리가 더 자주 벌레를 먹게 될지도 몰라요!"

Answers

p.115

A 단어와 우리말 뜻을 알맞게 연결하세요.

1. bug — 벌레
2. cookie — 쿠키
3. grasshopper — 메뚜기
4. cricket — 귀뚜라미

B 우리말 뜻에 맞는 단어가 되도록 빈칸에 알맞은 글자를 쓰세요.

1. 이상한 — s t r a n g e
2. 여행 — t r i p
3. 땅 — l a n d
4. (기름에) 튀긴 — f r i e d

p.120 Comprehension

A 보기에서 알맞은 단어를 골라 빈칸에 쓰세요.

cricket space cookie land future

1. "Cows and pigs need lots of water and **land**."
2. "In Thailand, people eat fried **cricket**s."
3. "Have you ever seen a bug **cookie**?"
4. "But bugs don't need much **space**."
5. "In the **future**, we may eat bugs more often!"

p.121

B 완전한 문장이 되도록 바르게 연결하세요.

1. Today is — show-and-tell in Ben's class.
2. He opens a box — and shows something.
3. Would you like — to try one?
4. In Thailand, people — eat fried crickets.

C 다음 문장이 옳으면 T(True), 틀리면 F(False)에 동그라미 하세요.

1. Ben shows a bug cookie in class. — **T**
2. Bugs are not easy to grow. — **F**
3. The teacher says bugs are bad for your health. — **F**

p.122

D 빈칸에 알맞은 단어를 써서 벌레를 먹는 이유를 완성하세요.

Cows & Pigs
- They need lots of **water** and land.

Bugs
- They are good for your **health**.
- They are easy to **grow**.
- They don't need **much** space.

health much water grow

Think & Say

벌레 간식을 먹어 보라고 한다면, 여러분은 뭐라고 말할 것 같나요?

- Yum! I want to try it!
- Hmm... maybe just a little bite.
- No, thank you. I'm not ready yet.
- Eww! Never!

*bite 한 입

p.123 Listen Again

스토리를 다시 들으며 빈칸에 알맞은 단어를 써 넣으세요.

Today is show-and-tell in Ben's **class**. Ben opens a box and shows something. "Have you ever seen a bug **cookie**? I got it on my **trip** to Thailand," Ben says.

The class looks surprised. "This cookie has a bug on top, but it's **delicious**. Would you like to try one?" Ben says.

"It may sound **strange**, but **bug**s can be food," the teacher says.

"Bugs are good for your **health**. Also, they are easy to grow. Cows and pigs need lots of water and **land**. But bugs don't need much space."

"In Thailand, people eat fried **cricket**s. In Mexico, they eat toasted grasshoppers. In the **future**, we may eat bugs more often!"

bug trip land class delicious strange cookie cricket health future

p.124 Sentence Patterns

다음 필수 문형을 다양한 예문에 적용해 보세요.

1 Have you ever seen ___?

- Have you ever seen **a bug cookie**?
- Have you ever seen **a starfish**?
- Have you ever seen **a spaceship**?

2 Would you like to try ___?

- Would you like to try **one**?
- Would you like to try **a chocolate burger**?
- Would you like to try **lemon pizza**?

Word Box: • lemon pizza • much food • a chocolate burger • much money • a spaceship • a starfish

p.125

3 They don't need ___.

- They don't need **much space**.
- They don't need **much food**.
- They don't need **much money**.

Try Writing 배운 필수 문형을 활용해 영작해 보세요.

1. 너는 매운 사탕을 먹어보고 싶니? (some spicy candy)
Would you like to try some spicy candy?
2. 그들은 많은 물이 필요 없어요. (much water)
They don't need much water.
3. 너는 별똥별을 본 적이 있니? (a shooting star)
Have you ever seen a shooting star?

p.126

Bugs as Future Food

How to make it:
1. Toast a slice of bread.
2. Add cooked crickets, corn, and cheese.
3. Bake it in the oven for a few minutes.

Fried worms / Cricket noodles / Bug cookies / Cricket burger / Cricket toast ✔

미래 식량으로서의 벌레

만드는 방법:
1. 빵 한 조각을 구워요.
2. 익힌 귀뚜라미, 옥수수, 치즈를 올려요.
3. 오븐에서 몇 분 동안 구워요.

Review Test 정답

p.67

Review Test 1
(Unit ❶ ~ Unit ❹) / 25개

A 그림에 알맞은 단어를 고르세요.

1 **ⓐ swallow** ⓑ float ⓒ invent
2 ⓐ brush ⓑ cut **ⓒ tie**
3 **ⓐ shake** ⓑ clean ⓒ tape
4 ⓐ paper **ⓑ plastic** ⓒ pillow
5 ⓐ magnet **ⓑ planet** ⓒ astronaut
6 ⓐ trash ⓑ shirt **ⓒ treasure**

Review Test 1 67

p.68

B 그림을 보고 알맞은 문장을 고르세요.

1 ⓐ He puts a soft pillow in the box.
ⓑ He cuts thick paper and makes four sections.
2 ⓐ He cleans his body with a wet cloth.
ⓑ He sleeps in a sleeping bag.
3 ⓐ This star will keep you safe.
ⓑ This star will make your tree shine.
4 **ⓐ The magnet picks up the spoon.**
ⓑ They buy some toy robots.

★★
C 알맞은 단어를 골라 문장을 완성하세요.

1 There ⓐ is **ⓑ are** lots of interesting things.
2 She is ⓐ throw **ⓑ throwing** away some old plastic boxes.
3 There is no ⓐ meal **ⓑ gravity** in space, so everything floats.
4 I ⓐ invent **ⓑ will invent** a cool machine someday!

68

p.69

D 짧은 글을 읽고 질문에 알맞은 대답을 고르세요.

1 다음 글에서 it이 가리키는 물건을 고르세요.

"It's warm and soft!" Mia says.
Mia wraps it around Ethan.
"How much is it?" Ethan asks.

ⓐ **ⓑ**

2 다음 글을 읽고, He가 어떤 직업을 가졌는지 고르세요.

Through the window, he can see Earth. He says Earth looks so beautiful from space.

ⓐ a police officer
ⓑ an astronaut

3 빈칸에 들어갈 알맞은 문장을 고르세요.

We start on the 1st floor.
A huge screen shows the planets.
"________" Emma says.

ⓐ They're like K-pop stars!
ⓑ I see Saturn's rings!

4 빈칸에 들어갈 알맞은 문장을 고르세요.

Tim: Look, Dad! We reused a box! It's not trash anymore.
Dad: ________

ⓐ You turned trash into treasure!
ⓑ Let's throw it away.

Review Test 1 69

p.70

E 필수 패턴을 활용해 우리말에 알맞은 영어 문장을 완성하세요.

He lives on ____. He puts on ____.
How much is ____? I wish I could ____.

1 그는 코트를 입어요.
→ He puts on the coat.
2 나는 달에 갈 수 있다면 좋겠어요.
→ I wish I could go to the moon.
3 그 표는 얼마인가요?
→ How much is the ticket?
4 그는 배에서 살아요.
→ He lives on a boat.

F 우리말에 알맞은 영어 문장을 쓰세요.

1 나는 장난감 디자이너가 되고 싶어요. (a toy designer, be, I, want to)
→ I want to be a toy designer.
2 시간이 없어요. (no, is, time, there)
→ There is no time.
3 그것은 눈을 녹게 만들 거예요. (the snow, melt, will, it, make)
→ It will make the snow melt.

70

p.127

Review Test 2
(Unit ❺ ~ Unit ❽) / 25개

A 그림에 알맞은 단어를 고르세요.

1 ⓐ follow **ⓑ wish** ⓒ solve
2 ⓐ dig ⓑ hate **ⓒ race**
3 **ⓐ chase** ⓑ finish ⓒ smile
4 ⓐ shiny ⓑ busy **ⓒ strange**
5 ⓐ show off **ⓑ whisper** ⓒ follow
6 **ⓐ world** ⓑ homework ⓒ cricket

Review Test 2 127

p.128

B 그림을 보고 알맞은 문장을 고르세요.

1 ⓐ Lily loves writing.
ⓑ Lily really hates homework.
2 **ⓐ Kiwis are good at digging with their bills.**
ⓑ Kiwis wake up the world every morning.
3 ⓐ The zookeeper was busy chasing the penguins.
ⓑ The zookeeper brought some fish.
4 **ⓐ This cookie has a bug on top.**
ⓑ This is full of toasted grasshoppers.

★★
C 알맞은 단어를 골라 문장을 완성하세요.

1 Her teacher gives her three ⓐ thing **ⓑ things** to do.
2 I was **ⓐ excited** ⓑ exciting to see the penguins.
3 Ben opens a box and ⓐ show **ⓑ shows** something.
4 Ostriches use their long legs **ⓐ to** ⓑ by race.

128

p.129

D 짧은 글을 읽고 질문에 알맞은 대답을 고르세요.

1 다음 글에서 They가 가리키는 알맞은 사진을 고르세요.

They are good for your health.
Also, they are easy to grow.
They don't need much space.

ⓐ **ⓑ**

2 다음 글을 읽고 펭귄이 받을 상을 고르세요.

Welcome to the Bird Olympics! Penguins can't fly, but they swim very well. They use their wings to swim.

ⓐ the best swimmer
ⓑ the best digger

3 빈칸에 들어갈 알맞은 단어를 고르세요.

The magic pencil starts to write and draw! It finishes everything fast. This pencil is ________!

ⓐ amazing
ⓑ boring

4 빈칸에 들어갈 알맞은 단어를 고르세요.

I was excited to see the penguins. But three penguins were outside their home. Everyone was ________.

ⓐ hungry
ⓑ surprised

Review Test 2 129

p.130

E 필수 패턴을 활용해 우리말에 알맞은 영어 문장을 완성하세요.

I was excited to ____. They are good at ____.
They were busy ____. Would you like to try ____?

1 그들은 교실을 청소하느라 바빴어요.
→ They were busy cleaning the classroom.
2 그들은 달리기에 능숙해요.
→ They are good at running.
3 나는 내 친구를 만나게 되어 신이 났어요.
→ I was excited to meet my friend.
4 너는 초콜릿 버거를 먹어보고 싶니?
→ Would you like to try a chocolate burger?

F 우리말에 알맞은 영어 문장을 쓰세요.

1 그들은 많은 음식이 필요 없어요. (need, they, much food, don't)
→ They don't need much food.
2 네 카메라를 잊지 마! (don't, your, forget, camera)
→ Don't forget your camera!
3 너는 불가사리를 본 적이 있니? (you, a starfish, ever, seen, have)
→ Have you ever seen a starfish?

130

“방법이 다르면 결과가 달라집니다”

리딩 실력을 껑충 키우는

기적만의 3-Step 완전학습

기적의 영어리딩

* 전문가가 설계한 6단계 리딩 프로그램으로 빈틈없는 영어 문해력 완성!